20:15

玩转微店

微店达人必备教程

田启成◎著

中国财富出版社

图书在版编目（CIP）数据

玩转微店：微店达人必备教程/田启成著．—北京：中国财富出版社，
2015.11

（中国100强名师名作）

ISBN 978 - 7 - 5047 - 5891 - 0

Ⅰ．①玩⋯ Ⅱ．①田⋯ Ⅲ．①网络营销 Ⅳ．①F713.36

中国版本图书馆 CIP 数据核字（2015）第 235987 号

策划编辑	范虹轶	**责任编辑**	邢有涛 单元花			
责任印制	方朋远	**责任校对**	饶莉莉		**责任发行**	邢有涛

出版发行	中国财富出版社	
社　　址	北京市丰台区南四环西路 188 号 5 区 20 楼　**邮政编码**　100070	
电　　话	010 - 52227568（发行部）	010 - 52227588 转 307（总编室）
	010 - 68589540（读者服务部）	010 - 52227588 转 305（质检部）
网　　址	http：//www.cfpress.com.cn	
经　　销	新华书店	
印　　刷	三河市西华印务有限公司	
书　　号	ISBN 978 - 7 - 5047 - 5891 - 0/F · 2478	
开　　本	710mm × 1000mm　1/16	**版　　次**　2015 年 11 月第 1 版
印　　张	13.75	**印　　次**　2015 年 11 月第 1 次印刷
字　　数	197 千字	**定　　价**　38.00 元

中国100强
CHINA
名师名作

编 委 会

出版支持　中国财富出版社

渠道支持　当当网　　亚马逊 amazon.cn　　360buy.com 京东商城　　新华书店 XINHUA BOOKSTORE

战略支持

前 言

2014 年 11 月 12 日凌晨，阿里巴巴如期公布了"双十一"全天的交易数据：支付宝全天成交金额为 571 亿元，与 2013 年相比增长了 63.2%。

近些年来，淘宝、京东、苏宁等电商巨头开展的电商大战，似乎已经成为一种"固定节目"。在这些电商巨头的推动下，网络购物如今已经深入我们生活的方方面面。马云本人也说过："在未来十年，要么做电子商务，要么无商可务！"

就在传统的电商模式发展到巅峰的时候，一种全新的电商模式正悄然而生，以一种全新的商业模式和购物体验使趋于平稳的电商市场荡起了一丝涟漪，这就是微店。

随着无线网络的普及和智能手机的更新换代，人们与网络的联系已经不再只局限于电脑端，手机端甚至有后来居上的趋势。而且，随着微博、微信等社交软件的普及，人与人之间的网络联系也越来越紧密。而微店，正是在这种环境下应运而生的。

早在 2011 年微信推出后不久，就有一些人注意到了微信的商业价值，他们将商品的图片发送到微信朋友圈，和微信好友间做些小生意，这可以说是微店的雏形。起初，谁也没有将这种商业模式当回事，这种看起来漏洞百出的新事物根本不可能对现有的电商模式产生一丝一毫的影响。

但就在接下来的两三年内，微店的发展速度远远超乎了人们的想象。微店这种基于手机端、基于朋友圈的商业模式逐渐获得了人们的认可，各个开发商也加大了投入，开始构建并完善这种全新的商业模式。微店 App（特指手机应用软件）、微信支付、微店网陆续诞生，一些微店创业者月入过万的新闻也为微店的发展前景注入了一剂强心剂。微店商业模式已经从涟漪发展为大浪，对传统电商模式造成了猛烈的冲击。

本书由三篇构成，上篇主要介绍微店的概况、特点和创业方向。中篇通过六大步骤，循序渐进地为您讲述经营微店的各个环节，以及各环节如何能良好地操作，有哪些注意事项。下篇则精选了一些时下成功的微店创业案例，介绍成功者们是如何一步步将想法通过微店转变为现实的。

书中尽可能详细地讲述微店中的每一项操作步骤，介绍每一个环节的要点，让你能够对照本书顺利地玩转微店的每一项功能和操作，就是本书的写作方向。

通过本书的学习，相信你一定能够找到适合自己的微店经营方向和经营思路，并成功地开设一家属于自己的微店。

如果你为错过了淘宝的创业机遇而懊悔不已，那么现在就不要再犹豫了。微店是一个崭新的创业机会，是一个极具潜力的创业机会。早一步学习，早一步行动，就多一些机会，多一些优势。

微店是一个刚刚起步的平台，许多功能正处于不断地扩展过程中，也许在你拿到本书的时候，微店又有了许多崭新的变化。但无论怎样改变，微店的本质不会变，相信本书一定能够成为你的微店启蒙书，帮你树立一个经营微店的正确思想，向你传授一些开设微店的基本技巧。

本书的阅读不是学习微店经营的终点，不断地关注微店的最新变化、最新的发展形势，将新的知识应用到微店经营中去，才是微店创业过程中的有力保障。

通过阅读，本书将帮你开启一扇学习微店知识的窗口，帮你在纷繁复杂的微店信息中整理出有条理、有用的信息，即便是在今后长久的微店经营之路上学习新的知识和内容，也能够迅速地做出总结归纳，并加以灵活运用，这才是编写本书的最大愿望。

作　者

2015 年 7 月

目　　录

微店——新的商业机遇

第一章　微店是什么

　　微店，作为"微时代"下诞生的一种新兴产物，悄悄地走进了我们的视线。微店究竟是什么？它会为现今的商业模式带来哪些新的变革？又会为广大渴望投身商业或已投身商业的人们带来怎样新的机遇？本章就让我们去一探究竟。

微店将成为新的创业趋势

　　创业，已成为一种趋势。如今的人们，已经不再完全想着安稳的工作，固定的收入，将自己的未来寄托在对升职加薪的渴望上，而是把创业当作一种新选择。

　　但是，想起来容易做起来难，许多初尝创业滋味的人表示，"创业难，难于上青天"，除去个人的能力和经验所限，阻碍人们创业最大的问题莫过于资金和时间。

　　现在，即使是开一家不起眼的小店，初期的投入都会轻而易举地突破10万元大关，这对众多年轻的创业者们来说是一笔数目不小的资金。而且，自主创业，一切事务都需要创业者亲自打理，从头做起，全身心地投入，这意味着创业的公司或店铺就成了你唯一的经济来源，如果创业失败，必将面临着巨大的生存危机。

　　于是，在生活的压力与失败的恐惧的双重压迫下，不少人望而却步，仍旧一成不变地做着原来的工作，让创业仅仅成为自己脑海中忽闪而过的一景。

不过，这一切随着微店的出现而有了新的转机。开微店，可以将我们创业的投入与风险都最小化，必将受到众多渴望创业的"菜鸟"竞相学习和追捧。

微博、微信这类"微平台"之所以能迅速地火起来，最重要的一点是它们充分利用了现代人的碎片化时间，人们不需要刻意抽出时间去浏览信息，去和朋友交流，一切都是随心而至。任何时候，哪怕只是短短几分钟，几十秒，我们都可以拿出手机，刷刷微博，聊聊微信。

微店也是一样，尤其在经营初期，不需要我们抱着"破釜沉舟""不成功则成仁"的悲壮信念，上下班的路上，等车的时间，睡觉前几分钟，我们可以利用起一切不起眼的琐碎时间来摸索、筹备自己的微店，而且几乎不需要任何花费。

人们的生活习惯和消费思维的变化也为微店提供了良好的发展机遇，人们希望随时随地都能"逛商场"，都能购买自己喜欢的产品，而不是仅仅只能在电脑前才能享受网上购物的乐趣。网络店铺的消费主力，从电脑平台转战到移动平台，只是时间问题。

微店是新兴事物，尚处在起步阶段，同时它依托的是微信这个拥有庞大用户群体和巨大发展前景的平台，因此微店的潜力不可估量。

微店的低门槛、低风险，高回报、高潜能，势必会吸引广大创业者趋之若鹜，一试身手，它也将成为一股新的创业趋势。

什么是微店

微店，主要是指在智能手机上开设的，基于微信社交平台的个人化虚拟店铺。微店的"微"，既是微信的"微"，也是微小的"微"，它是一个可以随时移动、随时打理、随时交易的小型电子化商铺。

微店这个名词最早出现在 2013 年，那时微信推出了公众平台，许多商家通过公众平台实现了产品销售，自此之后，企业和个人不断把它与电子商务相结合，从而诞生了微店一词。

在微信诞生之初，就有许多个人和企业注意到了微信所蕴藏的巨大商业潜能，庞大的用户基数、方便快捷的互动交流，都预示着微信将成为一个有力的商业工具。于是，众多企业与时俱进，开展微信营销，在微信上宣传推广自己的产品，扩大品牌的影响力，将微信作为新的营销渠道和方式。

而许多微信个人用户也不甘寂寞，他们开始尝试在微信朋友圈做生意，推销一些产品。不过，微信并非为电商而设计开发的，最初并不具备支付功能，也没有一个安全可靠的交易保障，因此微信上最初的生意大多局限在现实中相互认识的好友，或者是同城的好友邀约见面，进行"一手交钱，一手交货"式的交易。虽然很不方便，局限性很大，但是也显示了在微信上开店有市场、有需求，同时也是可行的，在微信上开店必将成为新的商业潮流。

于是，这种必然逐渐成为现实，越来越多的企业和个人开始发掘微信上的商业机会。腾讯自然也注意到了微信开店的大势所趋，于是进行了微信公众号、微商城、微信支付等一系列与微信相关功能的扩展，微店逐步成形了。

如今的微店，功能越来越齐全。店铺装修、商品上架下架、宣传推广、实时交流、在线支付等，微店已经具备了网络店铺的各项基本功能，而且仍将不断完善下去。

鉴于微信开店的快速发展，还诞生了专门的微店 App（应用程序），用更完善的功能，更便捷的操作为广大微店创业者们提供了一个微店经营的好帮手。

传统电商，将商业从现实世界转移到了网络世界，而微店，则将电商从电脑平台转移到了移动平台。微店，将成为移动电商的主力，成为新时代商业的"弄潮儿"。

为什么要开微店

微信，如今已经是一个用户数量以亿为单位的"庞然大物"，据相关消息称，微信目前的用户数量已经突破 6 亿，而且可以预见的是，这个数字还会随着时间的推移不断攀升。微信如今已经稳坐国内社交类软件的头把交椅，向商业领域进军，为微店提供更好的环境和支持将是微信接下来的发展重心。

微店的市场，是一个很大而且还会不断变大的蛋糕。而且微店尚处在起步阶段，这意味着有更多的市场机会，如果等到市场成熟，蛋糕已被瓜分殆尽，再参与进来就会面临更大的竞争压力。

但是有许多人表示，微店如今还有各种各样的问题亟待解决，看不清发展前景，其是否真的能颠覆电商格局，是否真的值得去投入，自己心里还是没谱。

其实，任何新生事物在刚出现时，都会遭受广泛的质疑，就像当初的淘宝一样，无数人持观望态度，认为电商终归无法征服传统商业，只会是昙花一现。但是电商的发展速度远远超乎了人们的想象，如今，淘宝已经全面成熟，网络购物已经成为越来越多人的习惯，无数人开始后悔当初没有开一家淘宝店。

微店如今确实并不完善，但是只要有需求，问题终将得到解决。就像起初人们担心的网络购物的安全问题、物流问题一样，随着第三方支付和快递业的兴起而烟消云散，如今，很少有人在网络购物时会担心这两方面的问题。随着微店的发展和成熟，如今的种种问题终将成为往日云烟，如果等所有人都认为微店有利可图、完美无缺时便为时已晚。

微店的出现，如同历史的轮回，再次给予了我们一次抉择的权力。是重复以前人们的错误，草率地认为微店成不了气候，还是去仔细研究学习，发掘微店的可能性呢？

我们身处一个快速发展、剧烈变革的时代，各类新生事物都在不断地涌现，没有人会告诉我们，也没有人能告诉我们什么是应该去做的，又要怎样去做。一切的一切，都需要我们自己调动敏锐的神经，第一时间进行学习，做出判断。

微店，带给了我们一种全新的商业模式，我们正身处变革的风口浪尖，机会就在我们眼前。面对机会，努力去争取，就有成功的希望，若是视而不见，只能是在日后陷入无谓的懊恼之中。

人人都能开微店吗

有人会问："既然微店创业是可行的，那么是不是人人都能开微店呢？我能通过开微店赚钱吗？"虽然我很想自信满满地说一声"是"，但遗憾的是，任何事情都不是简简单单便能做成的。微店是低门槛的创业方式，但却并不是毫无门槛，如果创业者具备一定的基础优势，就能在微店创业的起跑线上处于领先地位。

大致有四类人群适合微店创业。

1. 大学生

大学生的学习生活相对清闲，拥有大量可供自己支配的自由时间，同时还没有太多的生活压力，且对于新生事物的接受能力和学习能力都非常强，大学校园也是个绝佳的市场。如果你打算或者已经在校园和寝室内做一些小生意，那么不妨去尝试开一家微店，能为你提供一个更好的平台。

2. 创业起步者

如果你是一位已经放下一切，全身心投入创业的人，也不妨尝试开一家微店。创业公司在起步阶段，知名度很小，将公司的产品和服务信息放到微店上，线上线下同时操作，可以拓宽宣传推广渠道。

3. 拥有优质货源的人

如果你与某产品的供应商私交甚密，能拿到第一手的物美价廉的货源，但却一直苦于店面的巨大成本而迟迟不敢迈出创业的第一步，那么，现在你的机会来了。开微店，不需要任何店面投入，有了优质货源，几乎等于成功了一半。你只需要将产品信息上传到微店上，然后有条不紊地开展销售工作，而不必再被庞大的店面租金压得透不过气来。

4. 网络达人

如果你是一位网络达人，平时将微信、微博等玩得滚瓜烂熟，有着庞大且活跃的网络朋友圈，那么绝对不要错过开微店。朋友圈就是微店的市场，朋友圈越是庞大，越是活跃，微店的经营和推广就具备更好的基础，就越容易发展壮大。

如果不属于以上四类人群，是不是就不能靠微店创业了呢？不！只要有心，微店人人能开，人人都有机会取得成功。以上介绍的四类人群只是在微店创业之初更有优势，其实任何平台的创业者都会有这样的优势群体，起步时领先，不代表能一直领先。

所以，建议那些有微店创业意愿却不具备能力或资源优势的人们，大可不必不顾一切地投入到微店之中，完全可以先将微店作为自己的"第二职业"，利用业余的时间经营摸索，先积累一些经验，积累一些朋友资源，待时机成熟后再加大投入力度也不迟。

第二章　微店创业一点通

　　微店正不断吸引着越来越多人的关注，微店上的商品也越来越丰富，从有形的物品到无形的服务，微店展示着越来越多的可能性。微店创业，究竟有哪些适合做的行业？又有哪些特有的优势和需要注意的地方？"微店创业一点通"帮你指点迷津。

微店创业方向点拨

　　做任何事情，选择往往比努力更重要。创业之前，没有进行方向性的选择，就如同在大海中漫无目的飘荡的船舶，一会儿向东，一会儿向西，却始终到达不了成功的彼岸。

　　微店创业，对于采取什么形式、如何去操作执行、想要达成怎样的目标等问题，都要在行动之前明确无误。

　　那么，究竟有哪些适合微店创业的行业？它们在微店平台上又分别具备怎样的商机？对创业者个人又有怎样的要求？只有先了解行业特性，找准适合自己的行业方向，我们才能最大化自身的能力、特长和资源，为微店创业创造出有利的环境。

1. 服务咨询类

　　服务咨询行业主要是依靠创业者个人具备的知识或技能为有相应需求的客户提供帮助，不用去过多地操心货源、成本、利润等问题，因此特别适合有一技之长但缺乏从商经验的创业者。

　　服务咨询行业的创业门槛要求最低，创业几乎不需要任何资金投入，创业者只需要投入自己的时间，提供自己的知识技能即可。而且服务咨询行业种类繁多，创业者可以根据消费者的特殊需求和自身的能力设计出独特的服务咨询类别组合，提供针对性的服务咨询，避开激烈的竞争。

　　如果你的开车技术了得，而且对当地的路况很熟，就可以提供代驾服务，这在一些大城市或旅游城市中有相当多的需求。

　　如果会维修家电、电脑、手机等电子设备，则可以在微店上发布维修信息，一些个人化的维修店本身就没有店面，多数是靠各类宣传推广手段来获取业务。如今微店的出现可以在网络上、在微信朋友圈中进行宣传推广，拓宽了宣传推广渠道。

　　或者还可以从事保洁家政服务，对于一些生活节奏极快的大城市中的消费者，请专业人员打扫卫生、照顾小孩等已经越来越普遍。

　　现代生活的复杂化使得各种民事纠纷越来越多，随着法律的健全和普及，越来越多的人面对纠纷会选择通过法律途径解决问题，但是非专业的个人法律知识相当有限，这时就需要向专业人士进行咨询。如果你学习的是法律专业，或者对各类常见法律了然于心，不妨考虑开一家微店提供法律服务。在线沟通交流，提供法律援助，可以在一定程度上摆脱时间、地点的限制，而且还能够同时为多个客户提供咨询服务。

　　还有一种服务是提供旅行指南，为希望外出旅行的人设计合理的旅行路线。假如某位消费者想去一个地方旅行，又不想通过旅行社，但是自己旅行人生地不熟，不知到哪里去玩，也不知道具体需要多长时间、多少花费。这时，就可以询问该客户的旅行预算是多少，预计的时间有几天，根据客户的要求，为他设计专有的旅行路线，到哪些景点、怎样去、住在哪家酒店等，将每一项的花费都罗列清楚，最好能够说明如此设计的理由，附上相应的图片等。客户不需要太多的花费就能让旅行变得更有计划性、更有效率，免去了旅行途中可能会遇到的诸多问题。

2. 餐饮零食类

"民以食为天",餐饮业自古以来都是久盛不衰的行业。一日三餐,这是每个人都少不了的,而且,现在生活节奏加快,选择在外就餐的人也越来越多。

不过,也有些创业者表示,全国从事餐饮行业的商家数量众多,几乎是规模最大的一块。所以竞争太激烈,市场已趋于饱和,在微店上做餐饮,还会有市场吗?

虽然餐饮行业的竞争激烈,但是人们消费习惯的变化却为这种状况带来了一丝"生机"。经过一天的奔波回到家中,多数人估计都不再想出去就餐了,周围的餐馆吃腻了,远一些的餐馆又太浪费时间。于是越来越多的人选择在网上订餐,因为在网上能轻松找到各类美食,只需坐等商家送餐上门后在一个更舒适的环境就餐,这种生活方式无疑是一种享受。

在早些时候,就已经出现了一些"中央厨房"式的餐饮经营模式,他们没有店面,只有一个统一的厨房,客户点餐后上门自提,或者由他们送餐上门。在微店上做餐饮,实质上就是将这种餐饮模式放到网络上,商家通过网络发布菜品,顾客通过网络订餐。

例如,肯德基、星巴克等知名连锁餐饮企业也都推出了手机订餐 App,开设了自己的微店并大力宣传推广,可见在微店上做餐饮是极具潜力的。而且,相比其他一些行业,餐饮行业并没有随着时代和科技的进步而产生显著的变化。在网络购物完全普及的今天,人们可能会从天南地北购买衣服、电子产品、日常消费品等,但在就餐时仍然是就近选择,一个居住在广东的消费者不可能在就餐时选择一家开在北京的餐馆订餐。也就是说,如果你从事其他行业,如今要面临着全国乃至其他国家和地区的竞争者,但是餐饮行业,你面对的基本还是当地的竞争者,究竟哪一边竞争更大,显而易见。

除了一日三餐,各类休闲小零食也可以在微店上销售。相较而言,经营零食不需要创业者有高超的厨艺或是寻找水平高超的大厨，只需要寻找质优价廉的货源便可以了，而且在商品的准备、存放、配送上的要求也更为宽松，不需要与时间赛跑。

经营零食，除了要注意调查客户群所喜欢的零食种类外，很重要的一个原则就是零食一定要足够新奇，一定要是在当地很少流通或是很难购买的，这样不仅能制造话题性，吸引消费者的目光，也能避开同当地超市、便利店的竞争。

3. 服装鞋帽类

服饰行业是仅次于餐饮行业的第二大行业，也是微店创业的一个重要方向。

在微店上经营服装鞋帽，最重要的就是商品类别的选择。因为服装鞋帽的种类实在太过繁多，我们不可能一应俱全，而且繁杂的种类也会为寻找货源带来许多麻烦。不妨尝试以下几类服饰：

（1）品牌服饰

这类服饰适合一些已经有相应品牌专卖店，想要再开一家微店扩大销路的创业者，对于一些"白手起家"的创业者来说，选择在微店经营品牌服饰并不是一个好的创业选择，除非你和品牌供应商有良好的私交，能够获取优质的货源。

而且，如今的消费者也不再完全"迷信"品牌，因为许多常见的品牌大家都买得起，俨然已经成为了"大路货"，还经常容易"撞衫"，穿品牌服饰已经不能满足消费者追求个性的心理。其实大家如今购买品牌服饰，更多的是对其质量的认可，如果有造型独特、质量可靠的服饰，即便不是知名品牌，消费者也会欣然接受。

（2）童装

童装有着巨大的消费潜力，而且品牌参差不齐，没有在市场上占据绝对优势的品牌，因此竞争相对较小。创业者可以选择几种质量可靠、品种多样的童装品牌作为主打，慢慢地将其推向市场。

（3）怀旧服饰

比如，一些老年人喜欢穿中山装，或是戴草帽等，这些服饰如今已经越来越难从店面里买到，所以在微店上专门经营必定能吸引足够的目光。一些消费者购买这类服饰可能并不是自己穿，而是放在家里作为纪念装饰，或者是送给长辈做礼物，因此这类怀旧服饰的市场一定会比预想中更广。

（4）服饰的搭配组合

既然单一的服饰越来越难以令消费者满意，那么可以通过不同服饰的相互搭配，"设计"出一整套服装给消费者带去更强烈的视觉冲击。创业者可以事先根据当前的流行元素制定出一个个主题，然后依照不同的主题内容搭配上衣、裤子、帽子、鞋、装饰品等，成为一套"原创"的服装，并且给一整套服装制定比单独购买更优惠的价格，这样不仅能促进销售，也能给消费者带去全新的购物体验。

4. 地方特产类

地方特产是非常适合微店创业的，想要微店的商品能够热卖，关键就是要新，毕竟现在生活好了，交通也便利了，多数商品消费者都能在本地买到，但是对于许多地方性的特产，许多消费者可能是"只闻其名，不见其实"，甚至是连听都没听说过，这就很容易引起消费者的兴趣。而且，地方特产都有属于自己的"故事"，融合了当地的民俗、特色，在工业加工产品泛滥的当今，这类具有人文气息的产品更容易受到消费者的追捧。

在微店上经营地方特产有两种方向可以选择，一是将本地特产推向外地消费者，二是将外地特产带给本地消费者。

经营本地地方特产，在货源的准备上具有绝对的优势，我们知道去哪里寻找优质货源，产品的质量如何，价格上是否足够优惠，都有一个明确的标准。有些特产可能创业者或其家人都能够独立制作，这不仅能保证质量，还能进一步缩减成本。

比起货源准备上的优势，经营本地地方特产在客户资源上就会有一些劣势。因为微信朋友圈一般都是以本地的朋友为主，关系较为亲密的也多是本地人，但是他们很难成为我们的目标客户。想要更多地发掘外地的客户，需要长期的微信朋友圈经营作保障。

而经营外地地方特产则刚好相反，在客户资源上有很大的优势，但是货源的筹备则相对困难。为了获取优质货源，需要创业者亲自去相应的城市或地区，不断地在市场上奔波以找到最合适的第一手货源，再和供应商协商合作事宜。即使是第一手货源，由于运输费用、运输途中的损耗等影响，也会让成本提高不少。

不过，一旦解决了货源问题，地方特产的销售便会轻松许多。创业者大可以发动微信朋友圈的资源优势，大力推广这些"稀罕玩意"。而且在当地，寻找新的微信好友，扩展微信朋友圈也更加容易，可以更快地扩大商品的消费市场，促进销售业绩的提升。

5. 其他创业方向

除了以上介绍的四大类创业方向，微店创业还有许多其他选择。

（1）日常消费品

日常消费品拥有广阔的市场，每个消费者生活中都需要，而且需要及时补充，但是这也同时意味着巨大的竞争压力。

作为销售能力有限的个人商铺，创业者很难从供应商那里取得比大型商场更加优惠的价格，无法在价格上获取优势，在竞争中自然就处在下风。所以，在微店上经营日常消费品，尤其要重视商品的品质和服务，只要这两点有所保障，即使是和别的商家同样的价格或是稍贵一点，也一定能获取客户的支持。

（2）书籍

在微店上销售书籍，最大的优势在于可以对各个书籍进行更形象、更生动的描述，可以和消费者互动讨论读书心得，从而引起消费者的阅读欲望。

书籍的种类选择，要照顾到微信朋友圈的阅读兴趣和习惯，这样才能找准消费市场。可以根据社会热点来选择相应的主题书籍，进行系列推介，将微店打造成一个知识分享平台。

（3）装饰品

装饰品的经营也有两个方向，一个是高价商品，如真品的玉石、金银首饰等。这类商品在微店上的销售相对困难，因为价格较高，消费者比较谨慎，而且不通过实地考察，消费者很难辨别出真假，所以需要长期的经营建立口碑，获取消费者的信任。

另一个是低价商品，如一些使用玻璃、木材、陶瓷等普通材料制作的工艺品。这类商品主要是通过独特的造型来吸引消费者，不用担心真假的问题，而且价格不高，初期销售更加容易一些。

（4）教育培训

激烈的社会竞争对每一个人的能力都提出了更高的要求，这也催生了各类教育机构的出现。不光是学术培训机构，各类技能培训机构同样也是供不应求。现在的企业，对于个人技能更加重视，学历不再是十拿九稳的"敲门砖"，对于广大低学历的人们来说，学习新的技能，是追求更好工作与更好薪资待遇的重要手段。

在微店上做教育培训，可以将微店作为一个宣传平台，获取客户资源后再开设实体培训班进行授课。对于时间有限，不能去参加授课的客户，我们可以将培训内容做成文案、录音、视频等，通过网络发送给客户，并及时解答客户对于课程内容的疑问。

做教育培训，必须足够专业，要有坚实的教育培训力量作保障，否则很难生存。

微店创业方向，远不止以上介绍的这些，这只是对广大创业者的思路进行启发，以起到"抛砖引玉"的作用。其实，任何行业，只要操作得当，或是根据微店的特性进行相应的调整和改进，都能够在微店上取得成功。

微店优势与劣势分析

创业之前，我们不仅要对即将涉足的行业有所了解，对于创业平台同样要有充分的了解。每一个创业平台都有自身的特点，只有根据该特点采用相应的经营方式，才能带来积极的作用。例如，实体店铺和淘宝店铺的经营方式就完全不同，无论是营销方针、产品策略、交流沟通技巧都有着自己的一套准则，如果采用实体店铺的经营方式去经营淘宝店铺，肯定会带来负面的影响。

微店，作为一个新兴的创业平台，也有自身独有的特点，创业者们只有了解了平台的特点，才能"因地制宜"地制定经营方针，扬长避短，取得最佳的经营效果。

1. 微店特色

网购如今已经从趋势成为了习惯，人们不再将网购看成是新鲜事物，当作是不可靠的购物方式，而是作为日常生活不可或缺的一部分。正当人们认为国内的电子商务领域已经达到巅峰的时候，微店悄然出现并以惊人的速度成为了最大的手机线上购物平台，注册用户数量以万为单位不断蹿升，电商格局似乎又要迎来新的变化。

微店之所以能够迅速发展，在短时间内赢得大众青睐，引得买家和卖家纷纷侧目，离不开传统电商多年来打下的良好基础，人们如今对网络的新生事物有着很高的接受度，不会再轻易地去排斥。但是除此之外，微店自身的独有特色也是其在电商时代能够迅速站稳脚跟的重要因素。

（1）客源稳定，发展前景广阔

微店是以微信为载体的虚拟店铺，宣传和销售的客户群主要是微信的朋友圈。而微信有着良好的用户基础，越来越多的人更倾向于通过微信相互交流，所以微店始终都能找到稳定的客户资源。

微店虽然诞生时间不长，但是发展速度却很迅猛，如今全国已有超过400万家微店，日均销售额过亿，几乎与京东、当当等知名电商平台持平，发展前景不可估量。

（2）操作简单易学，经营便捷

在很多人的认识中，开店是一件非常烦琐的事情，寻找店面，进行装修，还要办上一大堆必要的经营证件，每件事情都需要自己一点点地去跑、去谈、去筹办。仅仅是筹备店铺阶段就有那么多的烦心事，等到正式开始经营时会遇到何种麻烦，更是让人想想就头疼。

但是开一家微店，便没有那么复杂的流程，只需要我们提供身份证号、手机号、银行卡，整个注册过程最多不过几分钟，上传完商品信息后就可以正式开张，展开销售了，十分方便快捷。而且各类微店的应用软件、辅助软件等可以为店主提供交流、促销、查询等众多功能，店主只需拿着手机动一动手指，便能将微店打理得井井有条。

（3）无须额外费用，资金投入极少

开一家微店，不需要注册费用、开店费用，可以说是人人都开得起的"平民"店铺。而且不需要在装修上投入资金，也不需要支付高昂的店面租金，可以极大地缓解经营压力。

一些已经有实体店的店主，也会选择开一家微店，将店内的产品放到微店上，实现线上线下同时经营。一方面，商家几乎没有花费任何成本就拓宽了销路，提升了业绩；另一方面，微信用户购买产品若是感觉不错，还会在自己的朋友圈宣传推广，久而久之，客户资源会越来越丰富。

2. 微店优势

之所以选择微店创业，是因为微店平台具备一些不可替代的特有优势

（如图2－1所示），这些优势为创业者们提供了一个良好的环境。

图2－1　微店优势

（1）微店是个全新的平台

这是非常关键的。微店概念最早确立是在2013年年中，目前仍处于摸索和起步阶段。在这个阶段，微店的竞争压力还比较小，而且开设微店的也多是一些中小型商家，尚未出现"微店巨鳄"，这对于创业者来说是一个很好的发展环境，可以慢慢摸索，培养经验，暂时不需要面对巨大的竞争压力。

如果你现在做淘宝，将会面临巨大的竞争压力，同行的数量和力量都要远超微店平台，没有过硬的资源和手腕的话，很快便会沉沦。所以，创业平台足够"年轻"，是个很重要的优势。

（2）微店有天然形成的客户资源

微店面向的主要客户是微信好友，微店本身也是以微信为依托。只要你会玩微信，肯定就会有一部分朋友资源储备，这些就是你的客户，不用再辛辛苦苦地满世界找客户，或是满眼期待地等着客户来光顾，只要想着如何发掘朋友圈的需求，建立良好的关系便可以了。

而且，你和一些微信好友之间可能原本就有相对亲密的关系，即使原本互不相识，在成为微信好友后肯定也会有一些共通的话题，有一些简单的交流，这比起和完全陌生的客户打交道要容易多了，也更容易从朋友圈内获取必要的信息，赢得相应的信任。

（3）微店足够精简

微店的关键词就是"微"字，它以智能手机为主要操作平台，所以一切的操作都非常简单快捷。可以说，只要会用智能手机，只要会玩微信，任何人都能够玩转微店。

微店虽小，但五脏俱全，虽然目前还处在发展阶段，但电子商务所必需的一些基本功能都已经很完善，而且一些针对性的模块设计使得一些功能的实现比起一般网店更加便利。随着微店的发展和客户需求的提升，微店一定还会出现更多方便经营的功能设计。

3. 微店劣势

当然，任何平台都不可能是完美无缺的，有优势就会有劣势，有时，同样一个要素，从一个角度看是优势，从另一个角度看就会变成劣势，微店也是一样。微店劣势如图 2－2 所示。

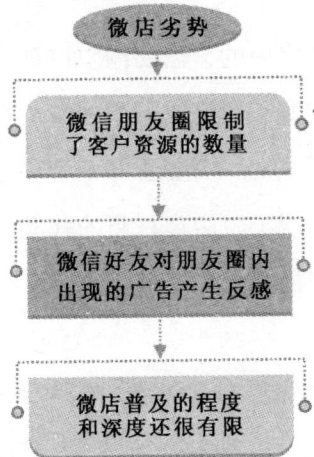

图 2－2　微店劣势

首先，对于客户资源来说，微店的客户资源主要是微信朋友圈，买卖双方有一定的交流基础，有天然的关系优势，更容易促成交易。但从另一个角度看，微信朋友圈也限制了客户资源的数量，因为非朋友圈的客户很难得知或搜索到我们的微店，发掘潜在用户需要花费更多的时间和精力。

其次，微信最根本的还是一个社交平台，不排除微信好友对朋友圈内出现的广告产生反感。就拿我们以前在 QQ 群聊天时来说，如果发现某位网友发了一条广告，我们的第一反应往往是"他不会是中病毒或者被盗号了吧？"

现在，开微店的人越来越多，已经有一些微信用户表示了自己的担忧：以后的微信朋友圈会不会彻底沦为广告聚集地？还有一些微信用户则表示自己会屏蔽发广告的好友信息。所以，微店究竟要如何做才能更文明、更干净，还有待更多的尝试和研究，需要制定更明确的规则，否则很可能会毁了这个平台。

最后，微店普及的程度和深度还很有限。很多人可能听说过微店这个名词，也模模糊糊地知道微店是什么，但是更具体、更确切的就一无所知了。而且，人们如今对微店平台还没有建立起足够的认可和信任，有许多消费者并不认可微店。

其实这些也都是意料之中的，当初淘宝出现时，也没能立刻获取广大消费者的认可，当初的质疑和担忧比如今的微店有过之而无不及，经过了多年的渗透才逐渐取得了成功。消费者好不容易习惯了淘宝平台，习惯了传统电商模式，结果又出现了微店这种新的移动电商，肯定会受到一定的排斥。这些都需要时间去慢慢改变，微店还有很长的路要走。

4. 微店与传统店铺

在了解了微店独有的优势和劣势之后，再来看一看跟传统店铺相比，微店又有哪些优势和劣势（如图 2-3 所示），为广大创业者提供更多的参考信息。

微店	VS	传统店铺
极小，几乎为零	开店成本	很大，至少10万元以上
几分钟即可启动	启动速度	需要两个月以上的启动时间
狭窄，微信朋友圈为主	客户资源	广泛，陌生客户更多
线上进行	宣传推广方式	线上线下可同时进行
可随时随地经营	经营方式	局限在店铺内
买卖双方更易沟通	售后服务	可能产生纠纷

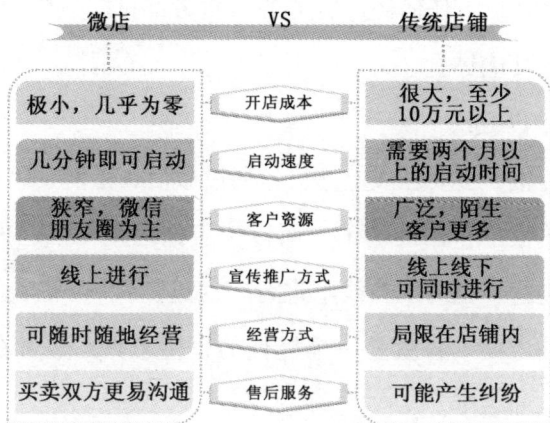

图 2-3 微店与传统店铺比较

（1）开店成本

微店和传统店铺的开店成本差距是巨大的，微店在店铺方面的投入几乎为零，不需要任何花费。而传统店铺，店面的租金和装修费用是一笔巨大的支出，甚至占据了开店初期成本的绝大部分，很多时候，这也成为创业的最大障碍。

和其他网店一样，经营微店不需要缴税，这和传统店铺相比是个很大的优势。正是因为能最大限度地保有利润，微店才能够用比实体店更低的价格销售商品，获取价格优势。

（2）启动速度

传统店铺，首先需要去寻找适合的店面，还要同房东商讨租用事宜。即使你能很快地找到合适的店面，从开始装修到正式营业，少说也要2~3个月的时间。而开微店，从注册到上传初期的商品，开始推广销售，可能只需要5~10分钟，微店在启动速度上占据绝对优势。

（3）客户资源

微店的客户资源主要以微信朋友圈为主，商家和客户的关系更加紧密，但是客户数量相对较少，而且比较难挖掘潜在客户。而传统店铺面对的更多的是陌生客户，任何经过店铺的消费者都可能成为顾客，在数量上和挖掘难度上更具优势。

（4）宣传推广方式

微店的宣传推广主要在线上进行，通过微信、微博、QQ、论坛、贴吧等网络工具宣传推广自己的店铺。而传统店铺的宣传推广方式更加多样，既可以在线上进行，也可以在线下进行，通过宣传单、广播、横幅等进行宣传。而且实体店面本身就是一个极佳的宣传工具，通过在店内做活动，可以很快地打响知名度。

（5）经营方式

传统店铺的经营局限性较大，想要正常营业，需要店主始终待在店内，而且在接待客户时，更注重即时性，不可能分心做其他事情。而微店的经营更加自由、更加灵活，店主可以随时随地进行宣传推广、货物管理、客户交流等工作，与客户交流时也不需要立刻进行回应，可以有一定的延时，只要不让客户等太久就没有问题。

（6）售后服务

微店的客户多是有一定关系的熟人，比起陌生客户来说显然要"好说话"一些，一旦商品出现了某些方面的问题，买卖双方可以更加心平气和地沟通交流，协商解决方式，避免一些无谓的争吵。而传统店铺，难免会遇到一些火气比较大的客户，即使你好声好气地跟他们交流，他们可能也会牢骚不断，争吵不休，不但不利于问题的协商解决，也会影响店铺的正常经营，带来一些负面的影响。

5. 微店与一般网店

比起传统店铺，微店和一般网店的"亲缘关系"显然更近（如图2-4所示），微店正是传统电商深化发展的产物。那么，微店和一般网店相比，究竟又有什么不同呢？

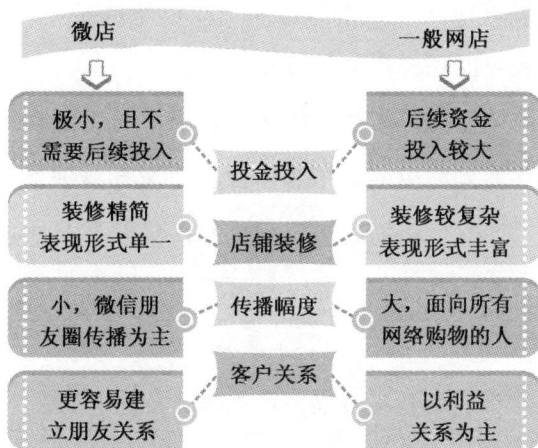

图 2-4 微店与一般网店比较

（1）资金投入

微店的一大特色就是店铺本身几乎不需要资金投入，不过也有一些朋友表示，在淘宝开店也不需要什么资金投入，只要1000元押金，几乎可以忽略不计。其实不然，虽然开启淘宝店不需要多少花费，但是如果想要真正经营起来，后续的资金投入是十分惊人的。

如今新开一家淘宝店，如果没有进行大力的宣传推广，无异于石沉大海，消费者们很难注意到你的店铺，想要保证销量，就必须利用各种途径发布广告信息，这些都需要不少的资金支持。

还有一种选择是开天猫店，比起一般淘宝店更容易获得消费者的信任，更容易获取流量。但是根据经营类目的不同，天猫店不仅需要5万~10万元不等的保证金，还要每年上缴一定比例的销售额作为佣金，整个算下来，花费丝毫不亚于开一家实体店铺。

（2）店铺装修

和传统店铺一样，一般网店的装修效果也是很重要的，如果网店的界面看起来太过寒酸，会让消费者感觉网店不够上档次，购物热情大减。但是想把网店装修得像模像样，不仅需要一定的专业知识，花费许多时间，而且一些装修模块可能还要再另外花钱购买。

而微店的装修就要简单多了，因为平台是手机，展现的内容有限，微店的装修内容往往就是简单的店招和图片，短短几分钟就可以做好，而且不需要任何花费。当然，店面的丰富程度和视觉效果自然要比一般网店差许多。

（3）传播幅度

一般网店要比微店更容易传播，消费者不仅可以通过网址链接直接进入店铺内，还可以在相应的平台通过关键字搜索，或是搜寻相关的产品类目来找到店铺，也就是说，任何一个上网购物的人都有机会找到网店店铺。

而微店的传播局限性就比较大，消费者很难主动找到我们的微店，只有靠商家在微信朋友圈内自主地发送链接来进行宣传，所以微店一般只能在朋友圈内传播开来，开发"外来"消费者的难度较高。

（4）客户关系

一般网店永远只有一个场景，那就是购物，不购物消费者就不会进入，所以只有买卖双方长期进行交易才能建立起较为亲密的关系，双方更多的还是利益关系。

而微店客户则不同，由于买卖双方本身就是微信好友，所以即便没有消费，也可以随时交流，聊聊家常，在购买商品后也可以分享感受，这就更容易拉近双方的关系。

6. 微店创业误区分析

看到上述的微店优劣势分析，积极的朋友肯定跃跃欲试，仿佛已经能看到自己创业成功的情景，而消极的朋友则有碍于微店目前的不足之处，认为微店创业困难重重。过度乐观和过度悲观都不是好的创业心态，都不利于创业的起步阶段，想要微店创业能够成功，就要先避开心理误区（如

图 2 - 5 所示)。

图 2 - 5 微店创业误区分析

(1) 异想天开,一夜暴富

不少人看到一些微店店主"日销售额上千,月收入过万",又看到周围的人们都很看好微店的发展前景,就认为自己开个微店,随便搞搞,也能轻轻松松地捞上一笔,圆自己的"发财梦"。

任何生意都不是一蹴而就的,都需要创业者苦心经营。那些销量火爆,看起来风光无限的微店,其实也都是店主长期以来不断发掘客户需求,建立良好的客户关系才最终达成的结果。所以,微店创业要脚踏实地,妄想着能轻易成功只会是"期望越大,失望越大"。

(2) 瞻前顾后,持续观望

另外一个极端就是,许多朋友虽然早早地就注意到了微店,但只是在默默地关注，迟迟不敢介入。总是想着，过段时间再看看，等到微店平台成熟后再说。

机会，往往就是在这瞻前顾后的等待中流逝的。任何平台在诞生之初，都不可能是完美的，都会有各种各样显而易见的问题，但是这个时段也是竞争最小，最容易积累客户资源的时段。当初最早一批做淘宝的人在创业时也是困难重重，举步维艰，但坚持下来的都取得了成功，而在淘宝平台成熟后才介入妄图分一杯羹的商家，往往没能获取多大的利润。

微店几乎不需要资金投入，只需要我们付出一些时间和精力，有什么值得担心的呢？何不放开手脚，果断尝试呢？

（3）畏首畏尾，担心封号

许多朋友还有这样的担心：万一我辛辛苦苦把一个微信号做起来，把一家微店经营好，结果说封就封了，那岂不是亏大了？

这样的想法完全是"因噎废食"，微信确实曾经封过一批违规大号，而且让人感觉有些矫枉过正，但没过多久一些违规不严重的大号也都解封了，而且现在的管理越来越宽松，只要你的微店不去经营违法商品，不去恶性宣传或竞争，不必过于担心封号的问题。毕竟，微信用户、微店店主对于腾讯来说也是客户，怎么着也不能太过得罪客户，不是吗？

（4）亲自回复，才有销量

一些微店创业者说，既然微店做的是微信朋友圈的生意，那么跟微信好友建立亲密的关系自然是十分重要的，面对客户的询问进行人工回复，效果肯定比自动回复要好，毕竟看到自动回复会显得商家不够热情，进而影响成交。

其实，这种观点也不是绝对正确的，无论是人工回复还是自动回复，其实都有相应的价值，关键要依照具体情况灵活运用。人工回复确实能更好地解答客户的疑问，让客户更满意，但是如果我们面向的客户数量过多，就会力不从心，可能一天到晚除了回复客户什么都做不了。

所以,如果你经营的是高端产品,面向的是小众用户,那么一对一的人工回复是非常有价值的。如果你经营的是低端产品,面向大众用户,用户疑问较少且比较单一,使用自动回复也能起到很好的效果,不必担心引起客户的不满。

7. 扬长避短,经营好你的小天地

明确了微店的优势和劣势,在经营中要注意的就是最大化微店的长处,尽可能弥补微店的不足之处。

(1)首先,在宣传环节,坚持精简、互动、低频率的原则

微信朋友圈本是一个社交圈,在这里发送商业信息是有一定"风险"的。如果没有把握好技巧和方法,随意的广告推送可能会触怒朋友圈的潜在客户,甚至你本人也会被微信好友"隔离"对待。

对于微信中的广告,微信用户也是有着不同观点的。有些用户对广告"零容忍",认为微信中的广告严重破坏了自己的交流心情。而有些用户则表示无所谓,有兴趣就看一下,没兴趣时就无视。还有一些用户表示欢迎,认为这带来了方便,有时能发现一些意想不到的好商品。

但即使容忍度最高的人,如果每天都面对着毫无营养的广告轰炸,恐怕也会身心俱疲。所以,微店的商品宣传信息,既要短又要少,偶尔为之,不易引起排斥。或是根据某个话题发起宣传,在日常交流中宣传,将宣传信息包装得不像广告。

(2)在商品方面,兼顾价格与质量

微店的启动成本低,而且没有房租、税收等压力,这大大降低了店主的经营成本,从而可以在保证利润的前提下,尽可能使商品保持低价。有了低于市场价的价格优势,就能进而获取竞争优势。

商品仅仅价格公道还不够,质量可靠、有极高的性价比才是关键。在微店中,质量往往比价格更重要,尤其当你的商品足够新奇的时候,客户可能不在乎贵一点,但他们希望买到的保证是"正品"。

在微店经营中，经常被曝出有"杀熟"现象。一些微店经营者利用微信朋友圈信任度高的特点，将一些商品高价卖出，或是以次充好，卖一些不合格的劣质商品。这种"杀鸡取卵""卸磨杀驴"的经营方式是绝对不可取的。微店的商圈就那么大，一旦在朋友圈的名声臭了，微店也就倒了，而且也很难有东山再起的机会。

（3）在售前及售后服务上，提供贴心式服务

微店的一大优势，就是同客户天然的关系网，所以在微店中就要强化这种关系，从交易转变为"交心"，这种竞争优势是其他商家难以取得的。

微店的经营模式和客户群注定了微店不可能像传统店铺那样迅速扩张，既然如此，我们就集中精力提供最好的客户服务，将客户满意度提升到最大，将客户资源牢牢地抓住。通过客户忠诚度提高消费频率和客单价，最终取得的成果未必比大规模经营小。

经营微店，就要抓住"微"的特点，优势的部分，努力做到最好；劣势的部分，不要盲目挑战，试图硬碰硬。凡事无完美，做到卓越才是最好的。

微店赢利，六步到位

第三章　持戈试马——做好开微店的准备

做任何事情，只有事先进行充分的准备才能够有条不紊地进行。微店虽然是虚拟店铺，但是也离不开各种工具、信息的支持。在筹备微店的过程中，我们需要做好哪些必要的准备工作，才能确保微店能够顺利开张呢？本章将从不同方面进行详细介绍。

做好开店前的准备

在微信朋友圈看到其他朋友的微店开张的时候，看到朋友们炫耀自己的微店生意红火的时候，你是否想过拥有一家属于自己的微店？

其实，任何一件事情的完成都需要充足的准备工作，这是成功的必胜法宝，也是渴望成功的必要准备。即使是微店，这个在智能手机和市场发展的推动下产生的一种手机开店形式也需要做好准备。

要想成功开设一家微店，其实并不难。只要你在开设微店之前做好开店前的准备，调整好自己的心态，满足微店开设必备的软硬件条件。如此，你作为一个微店店主的梦想就指日可待了。

1. 开微店必备的心态：不一定赚钱

微信进驻智能手机，逐渐以其强大的社交优势在网聊市场上占据了一席之地，并以一种空前的架势成为影响力仅次于QQ的网聊工具。微信已经开启了全新的时代，在社会上占据了举足轻重的地位。

有一天当我们打开微信，看到的朋友圈动态，或许已经不是好友们对生活和工作的抱怨，也不是各种晒幸福的图片，而是演变成一种商业的交流圈。许多好友在微信上开始了各种各样的代购，在微信上开设了自家店铺。

随着人们追求方便快捷的意识的不断提高，微信这一社交软件的覆盖之广，一些人开始投入到微店的阵营，为自己的生活增添一些微小的收入。

但是，需要提醒想开设微店的人，在开微店之前，必须具备一种"开微店，不一定赚钱"的心态。毕竟微店不像实体店一样，能让走过路过的人都感受到小店的风采，而你，每天只需要坐在店里，向前来购物的客户推销你的商品。微店只是一种小型虚拟店铺，通过定期更新图片和在朋友圈发表动态的方式来宣传自己的产品，产品的销路有一定的局限性。另外，微店的光顾者大都是一些微信上的朋友，与自己有着长时间的联系，所以商品会有一定的优惠。

另外，几乎每个智能手机上都有微信，只要有网络，每个人都可以开一家微店。但是由于卖方市场的饱和，就相应分担了买方市场，导致微店的客源较少。

无论你做任何生意，前期你都不一定保证这项生意能够帮助你赚大钱。生意是一种源远流长的时间上的概念，只有持之以恒，才能拥有市场。

事实上，每个开微店的人都想着通过这家简单易经营的店铺帮助自己拓宽经济的来源，这是开微店的动力。但是如果在开店之前就强化自己一定赚钱的心理，那么微店就会输在前期经营上。

每一家店铺都不可能在一开始的时候就拥有大量的客源，需要时间积累，然后让更多的人发现你的店进而了解你的店，从而拥有大量的顾客，赚取更多的利润。

微店前期是一个时间的投入，所以开微店之前不要有"开微店一定赚钱"的心理，否则，你会因为达不到预期目标而果断放弃。但是，一旦你坚持下来，你就会发现，时间能帮你达成你原本的期望。

2. 开微店必备的硬件

开设微店需要什么样的硬件（如图 3 - 1 所示）呢？这几乎是每一个期待开微店的人想要寻求的答案。

图 3 -1　开微店必备的硬件

其实微店是一种最简单的店铺，它既不需要大量资金的投入，也不需要广告宣传和店面装修。开一家微店，只需要有一部智能手机，这是微店必备的硬件条件之一。

微店是一种软件，这种软件只需要下载在手机上就能通过几步简单的操作轻松地开设一家属于自己的微店店铺。所以要想拥有一家属于自己的微店，理所当然离不开这些微店软件的载体。

当然，这种软件的载体只限于智能手机。目前随着科技的不断进步，智能手机逐渐取代了传统的手机，成功席卷了手机市场，所以，智能手机成为微店的硬件之一。

当然，除了手机这个硬性的开设微店的指标以外，货源也是微店需具备的硬件要求之一。想开一家微店，必须要有可以出手的商品，否则微店就形同虚设，无法完成买卖双方的互动，也无法保证微店的正常经营。

好的商品是店铺经营成功的根本保障。一家店，无论是实体店还是微店，只要开门做生意，就必须保证产品能帮你留住客户。因为从消费者的心理分析可以看出，消费者真正满意的不是你的店铺装修得多么豪华，也不是你的店名多么别出心裁，而是你的商品是否能满足顾客的需求。

店铺的装修和店名，只是吸引顾客驻足，而真正利润上的交易离不开店铺中摆放的商品，这个道理每个人都懂。所以在开微店的时候，要注意货源的选择，什么样的商品才能满足更多顾客的需求？这是每一个微店店主应该考虑的问题。

在选择商品的时候，你可以根据对朋友圈的采访或是对其他店铺的了解，确定什么样的商品能够快速占据市场，然后进行产品的筛选，为微店确定商品的种类。

其实，开一家微店不是一件复杂的事情，它不像实体店一样需要选址，大费周章地装修和布置，还需要大量人力的投入。它只需一部智能手机和一个微店经营中必须具有的商品。

以上这些都是开一家微店需要具备的硬件条件，也是保证一家微店能成功开业的基础，是微店的入门必备教材。

3. 开微店必备的软件

微店的成功开设，除了对其硬件条件的要求外，也少不了必要的软件准备（如图 3－2 所示）。

一家微店，只有保证在软硬件准备充足的条件下，才能发挥它的交易功能，成功实现自己当小老板的愿望。可以说，硬件的需求是为软件更好地服务。

智能手机在没安装相应的软件之前，与微店没有任何的联系，只有具备了微店的软件安装，才能实现软硬件的完美合璧，成功地把微店植入手机，把自己变成一个微店的经销商。

图3-2　开微店必备的软件

微店的软件需求有两种，一种是微信的软件。在手机上安装微信，然后再注册一个公众账号，利用这个账号进行产品的宣传和售卖，以银行卡付款的方式达成自己的交易。

当今的微信朋友圈的内容，已经不知不觉地弥漫着一种商业的味道，好多微信朋友开始在微信上转发许多产品信息，代购或是出售一些商品。他们很好地利用了微信这一普遍的沟通软件，通过复制粘贴的方式让自己转变角色，成为一个微店的小老板。

微信在给我们提供聊天方便的同时，也给我们带来了许多的商机，微店便是最有力的说明。

手机上如果具有微信这个软件，就能实现产品的宣传和微信支付平台的建立，保证交易的正常运行。这是微店的一种软件需求，是建立在微信软件基础上的一种必备的需求。

除此之外，要保证一家微店的成功开张，还可以下载安装另一种软件——微店 App，它是一种专门的微店软件，也是一种专为微店研发的店铺软件。只要在手机上下载安装这种微店 App，然后用手机号注册一个 App 账号后你就可以拥有一家属于自己的微店了。

微店 App 是一种功能强大的店铺软件，它不仅能保证交易的正常进行，同时还可以帮助店主管理店铺的顾客信息，有利于再次合作的形成。不仅如此，微店 App 上设有不同的模块，为微店的管理提供方便，使那些没有任何经营经验的微店店主也能熟练地经营自己的微店。

开店前的调研

在做好微店的软硬件准备之后，还要进行相应的信息准备，也就是微店的定位和经营方向。微店售卖哪种类型的商品，经营方向如何，给客户留下怎样的印象才是最好的，都要店主事先进行相应的了解。而这些信息的获取，就离不开相应的调研。

无论何种形式的商业活动，市场调研都是必不可少的。经营微店，只有先充分了解当地的市场状况，才能避免走向"死胡同"。现在已经有许多经营得相当成功的微店，它们是你很好的学习榜样。尽管行业各不相同，但是成功者总有一些相通之处，了解它们的产品和微店特质可以帮助你找到开设微店的方向。

1. 什么最好卖

最早通过微信做生意的一批人，在微信中经营的多是服装、鞋、包等商品。即便到了现在，微店中从事服饰经营的仍旧占很大的比例。为什么那么多人选择经营服饰？最关键的一点在于服饰比较"好卖"。

这里所说的"好卖"的概念，仅仅是指经营方面比较易于操作，也比较易于让消费者接受，而非一定代表高销量。事实上，有许多经营"冷门"商品的微店也取得了成功，也有许多经营服饰的微店的发展不尽如人意。

举例来说，生活用品和金银首饰哪一个在微店上更好卖？显然生活用品要好卖一些。首先从进货渠道来讲，生活用品比金银首饰更容易采购，质量上也更容易把控。其次从消费者的购物心态上来讲，购买低价的生活用品不用承担多大的风险，购买时不必思前想后，但是对于高价的金银首饰，必定会非常谨慎，生怕买到假货。

所以，总体来说，好卖的商品应包含以下几个特点。

（1）生活常用必需品

生活必需品是日常生活中必不可少的，而且有些需要经常补充，有足够消费总量保障。而且消费者也不会有过于严格的额外要求，只要能满足基本需求便足够了。

（2）商品价格低

商品价格越低，消费者的警戒心就越低，越容易促成交易。而且，低价的商品往往都没有什么专业的质量把控，消费者可以凭借个人的知识和经验判断真假，因此他们不会过于担心买到假货。

（3）"好"商品

想要卖得好，商品就一定要"好"。也就是说一要质量可靠，二要价格实惠，做到这两点，自然不愁卖。否则，无论经营哪种商品，都无法取得好的销售成绩。

好卖的商品同时也意味着激烈的竞争，因为涉足门槛低，因此必定有大量同类商家。而且，这些商品也往往是市面上容易买到的，还要面临着实体行业的竞争。因此，好卖的商品如果不精心经营，也未必一定"好卖"。

但是不管怎样，这类商品要承担的风险还是比较低的，如果你缺乏从商经验，没有特别优势的条件，不妨先从餐饮、服饰、生活用品等行业入手。

2. 无特色，不吸引

在微店上无论销售哪一类商品，有特色都是最重要的标准之一。

当今社会是一个商业繁荣的社会，人们根本不会为正常的生活需求所苦恼，如果你的微店中销售的都是生活中常见的，能随处买到的商品，有可能让消费者看到后兴致满满，产生购买欲吗？商品不能第一时间吸引消费者的目光，就会为后续的推广销售增加许多困难，甚至会导致微店直接走向失败。采用特色型商品定位，能够显著降低微店的经营难度。

特色型商品定位，是指在商品、技术、服务等经营资源方面具有独占性或明显优势，并利用这些资源组合形成特色明显、吸引力强的商品定位。

针对商品、技术、服务三大特色要素，经营者可以瞄准一个方向深度挖掘，也可以从多个方面同时兼顾，只要微店有了特色，就有了宣传的资本。

商品有特色并不是一定要求店主去追求一些冷门的商品类型，这种特色是可以细化到每一种商品的。例如，在微店上经营零食，如果你店里销售的都是诸如旺旺、乐事、康师傅等常见大品牌的产品，显然就没什么特色。当然也不排除你经营这类热门商品能取得不错的成绩，但是就对客户的吸引力来说，无疑要差上一些。相反，如果微店里的零食是一些本地见不到或不常见的外地零食甚至国外零食，那么显然能轻易地吸引顾客的眼球。

技术的特色是指经营者的独有技能，多指一些需要亲自制作的商品所具备的特色。例如，经营餐饮，每个人做菜的味道都各不相同，各有特点。但是这种特点也有强弱之分，有些人做的饭菜能让人吃一口就牢牢记住且久久不能忘怀，这就是特色。再如，手工 DIY 饰品，如果有独有的制作手艺，并且他人很难学会或模仿，也能成为技术上的特色。

服务的特色涵盖的范围就更广了，包括与客户交流时的语言风格，售前、售后环节同客户交流的频率和内容，以及方式多样的优惠促销手段等。我们可以在保证服务质量的同时，将服务模式同常见模式区分开来，贴上自己独有的"标签"，这样能给客户留下更深的印象。

每个人的能力和资源有限，商品、技术、服务的特色可能无法三者兼顾，其实，只要掌握一点便可以为你的微店增色，使你的微店看起来与众不同。特色，只是吸引消费者的手段，想要实现良性经营，离不开后期的悉心打理。

3. 怎样才算是成功的微店

在开店之前，我们要清楚什么样的微店是成功的（如图 3 - 3 所示），有了标准和目标，就有了前进的方向和动力，也能据此制定出相应的经营策略。

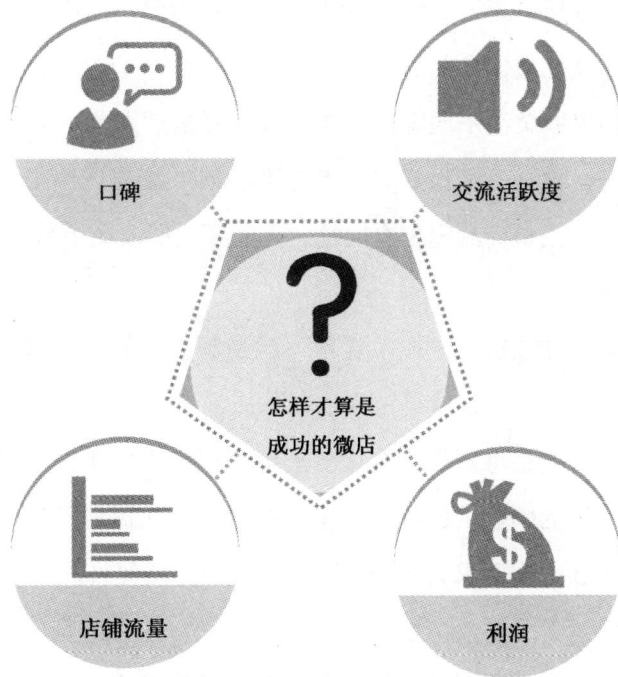

图 3 - 3　成功微店的必要元素

（1）店铺流量

一家实体店铺的成功与否要从多方面进行考量，但给人最直观印象的就是人流量。当我们经过一家店铺，看到门庭若市，人山人海，即使我们不知道店铺的成交量是多少，经营状况具体如何，我们都会感叹一句，这家店的生意真好。

微店也是一样，人流量是成交的基础，高人流量未必代表高客流量，但是没有人流量则必定没有客流量。所以，一家微店成功与否，首先要看有多少人关注和浏览。

当然，不同的商品经营方向会对店铺流量造成直接的影响。例如，如果微店经营的是低价的生活常用品，可能会有众多的客户重复消费，这就会使店铺流量轻松超过卖高价商品的微店。所以，在评价店铺流量时，不能只关注绝对数量，还要关注相对数量，经营相似商品的其他微店的店铺流量是多少，就是我们参照的目标。

此外，还可以关注不同客户的参与度，微信朋友圈内在你店铺消费的人占多少比例，也是一个很好的参考标准。如果参与比例很低，说明你的商品还不够好，或是商品定位有问题，无法满足朋友圈多数人的需求。

（2）利润

评价一个店铺成功的最根本要素，就是利润，如果一家店不赢利，或是利润极低，我们很难说这是一家成功的店铺。

开微店，可能是将其作为在社会上生存与发展的事业，可能是作为工作之余补贴家用的副业，也可能是作为积累自己从商经验的一个平台。但无论动机是什么，都要求微店能够赚钱，否则，任何目的都是空谈。

有一些经营者分不清销售额和利润的区别，你也许会哑然失笑，但事实就是如此。一些经营者看到每月数万元的销售额喜不自胜，认为开店就是这么简单，轻轻松松就取得了成功，但在结算之后却发现根本没剩下多少钱，因为他们的经营成本太高了。

比起传统店铺，微店的经营则没有那么复杂，不需要考虑租金、税收、宣传费用等，成本基本限定在商品进货或是制作，以及一部分配送费用，所以对成本和利润的控制要简单许多。希望经营者不要因销售额沾沾自喜，关注利润才是更重要的。

（3）交流活跃度

微店，作为一个存在于朋友圈的商业模式，只把商品卖出去是不够的。互动和交流，这是微店区别于传统店铺的一大特色，也是一个重要的竞争优势，不把这个优势发挥到最大，微店就不算成功。

微店由于没有资金的压力，所以一些店主缺乏紧迫感，总是抱着"卖一件是一件""爱买不买"的经营待客之道，只注重在销售环节和客户有简单的交流，交易结束后立刻形同陌路，这显然不是值得学习和提倡的。

作为一名顾客，一边面对嘘寒问暖，无论任何时候都愿意同你交流、分享信息的微店店主，另一边面对只在你要买东西时才理睬你的微店店主，你愿意选择哪一个呢？

积极地同客户进行互动交流，可以更快地拉近双方之间的距离，不要认为与某位微信好友关系不错就有所怠慢，关系需要交流互动来建立，也需要交流互动来维持。有了关系的保障，就更容易建立信赖感，更容易促成二次消费，也能进而引发口碑传播。

（4）口碑

在互联网普及之后，尤其是微博、微信等社交平台普及之后，个人的口碑传播力量有了大幅的提升，人们的交流不再局限于特定的时间和地域，而是有了无限扩展的可能性。在如今这个"自媒体"时代，口碑的作用和重要性远远超过以前的任何时候。

前面我们提到过，微店经营，非常忌讳进行大量的广告轰炸，否则很容易被"拉黑"，但是，没有足够的宣传又无法保证微店的传播度和知名度。面对这种矛盾怎么办？口碑就是解决矛盾的最佳方案。

提高客户的满意度，让他们自发地在微信朋友圈中讨论你的微店和商品，这要比选择自己推送信息有更好的效果，引起其他微信好友兴趣的同时还不易使他们反感。

微店的宣传和经营主要局限在微信朋友圈内部，但是口碑传播却可以打破这个限制。当你的商品和服务让客户特别满意时，他们可能会情不自禁地在自己的微信朋友圈内炫耀、推荐，这样，你微信好友的好友也就知道了你的微店，成为了你的潜在客户。

综上所述，一个成功的微店，不仅要看赚钱的多少，同时还要兼顾同客户建立密切的关系，树立强大的口碑力量。利润与口碑相结合，在经营中就不会束手束脚，进而实现微店长期稳定地发展。

第四章　整装待发——开微店卖什么

　　做好相应的开店准备后，接下来就要想好具体卖什么商品，任何一个微店创业方向，都能细分为许多不同的商品类型，不同的商品类型又会细分为更加细致的品牌、型号选择，这些都需要我们做出选择。

　　想好卖什么商品是微店店主经营的起点，但是在漫长的经营之路上，货源的寻找和选择同样对微店有着巨大的影响。

　　微店卖什么，货源从哪找，这是微店正式开张前的另一项重要准备工作。

你的"朋友圈"想买什么

　　微信"朋友圈"是微店经营的中心，既是微店宣传推广的主要平台，也是微店客户的主要来源。因此，弄清楚你的"朋友圈"对哪些商品感兴趣，希望通过微店平台买到哪些商品，对微店的经营至关重要。

　　"朋友圈"想买的商品就是你的经营方向，他们希望得到什么，你的微店就提供什么，做到了这点，就不怕商品找不到买家。

　　对于商品的定位，越精细越好，能帮助我们更准确地找到方向。例如，卖衣服就不能只是简单地定位为服饰，还要进一步确定是休闲装、正装或是童装，服装的价格区间等。而要进行商品细分，就必须对"朋友圈"进行相应的调查和分析。

1. "朋友圈"顾客群特点

想要发掘朋友圈客户需求，首先要明确朋友圈顾客群的特点（如图4-1所示）。每个人都有自己的微信朋友圈，而且也都具备不同的特点。从商业角度分析，朋友圈顾客群要关注以下几点：

图4-1 "朋友圈"顾客群特点

（1）年龄特点

年龄因素对于经营方向的影响力不言而喻，不同年龄段的人对于商品的选择、关注点都各不相同。

尽管年龄因素并非决定性的，但是仍有着很强的导向力，因此掌握微信朋友圈的主要年龄段处在哪个阶段是很重要的。一般来说，由于现实生活交友范围和思维方式的影响，微信朋友圈好友的年龄通常与自己差距不大。

（2）职业及收入特点

职业及收入决定了一个人的消费能力。收入低的人可能也会偶尔奢侈一番，但毕竟只是暂时性的，如果你销售的商品价格普遍高于他们的承受能力，就很难取得好的销售业绩。

职业和收入，属于比较隐私的内容，除了个别好友外，可能微信朋友圈中大多数好友的职业及收入我们都不了解，而且也无法直接询问。其实，从微信好友日常分享的内容，交流的信息中就能够大致判断出他们的经济能力。毕竟开设微店不需要详细的数据，只要对朋友圈大部分好友的消费能力高低有一个大致的把握即可。

（3）教育程度特点

受教育程度影响着一个人的品位，以及看待商品的方向。受教育程度低的人在选择商品时更偏向实用性，受教育程度高的人可能对一些技术含量高的商品接受能力更强。

相比职业和收入，受教育程度的私密性要低上一些，而且现在人们对学历也不是太过重视，我们可以在日常交流时有意无意地提起以前上学时的趣事等来引发朋友圈参与讨论，从而发掘他们的受教育程度。

（4）兴趣爱好特点

兴趣爱好对于消费者产品选择的影响更加直接，人们可能会因为某个兴趣而去购买相应的器具，或是因为喜欢某品牌的产品而在购买相关产品时全部选择该品牌。

兴趣爱好的询问和调查就简单直接多了，在闲聊时提起或是直接询问都可以。而且，一般微信朋友圈中易于产生一种共同的兴趣爱好氛围，一小部分人的兴趣爱好可能通过日常的沟通交流而影响到其他原本没兴趣的人。

（5）居住地特点

微信好友是本地居多还是外地居多，分别占据多大的比例，这也是影响微店经营方针的一大影响因素。

以卖地方特产为例，如果外地好友居多，店主就可以选择将本地特产推销出去，如果本地好友居多，店主就可以选择采购外地特产在本地销售。

2. "朋友圈"购物心理分析

微信，并不是为购物而生的平台，那么人们又为什么愿意通过这样一个平台购物呢？

和体系成熟的淘宝相比，微信购物仍有许多不便之处，尽管微店仍处于不断完善、不断进化的阶段，但是想要超越淘宝还有很长的路要走。但就是这样一个平台，却吸引了朋友圈客户的消费热情。

让人们的视线从淘宝等传统电商转移到微店的一个原因就在于，传统电商的规模扩大导致平台内部的商品海量化、同质化，这在给消费者提供更多选择的同时，也带来了一些麻烦，想在这看起来差不多的商品大海中找到满意的、信得过的商品，无疑是一项体力活。久而久之，人们自然就想换一种轻松的购物方式。

就如我们在线下消费一样，去大商场逛多了，就想去街边的零售小店看一下。微店之于传统电商，就如同街边小店之于大商场一样。一是这里没有铺天盖地的海量商品，商品信息只是夹杂在朋友间的信息交流中，无形中少了很多视觉压力和心理疲劳。二是微信朋友圈中有非常"个人化"的气氛，在这里，交易和沟通是并存的，这也让朋友圈客户感觉更新鲜、更轻松。

根据上述的朋友圈购物心理特点，我们可以明确一个重要的经营方针——少而精。无论经营哪种类型的商品，最好都能坚持这个方针。

经营类别要单一，不要觉着餐饮也不错，服装也不错，就两者兼顾，搞得微店"四不像"，既加大了微店的经营难度，也会让客户觉着你的微店很杂乱、很不专业。瞄准了方向后就全身心投入，不要朝三暮四，否则，任何行业都做不好。

对于外形相似、功能相似的商品，店主应选择一种最具代表性的，或是朋友圈最能接受的商品。精简化的商品选择既能让微店中的每一件商品都看起来特色十足，也能给你日常的商品采购、管理、推广工作减少许多压力。

既然客户在朋友圈购物是希望避开海量的信息纷扰，通过浏览少量精品来买到自己需要的产品，在轻松愉快的交流气氛中完成交易，我们就应该通过精品战略贴合他们的朋友圈消费心理。这样，你的微店的存在价值才能够更加凸显，更加不可替代。

3. "朋友圈"最热卖的商品

朋友圈中能够热卖的商品，一定是朋友圈客户需要的商品，如果他们没有需求，商品即使再怎么物美价廉也很难吸引他们消费。

一般情况下，微信朋友圈中的多数好友的年龄与我们相近，有着相似的兴趣、购物品位和习惯。因此，很多时候我们需要的商品，往往也是朋友圈需要的商品。

如果你是一名在校大学生，朋友圈肯定以同学为主，这时你开一家微店销售服装，应该选择哪种类型？一般会选择流行休闲类服装。如果临近毕业，销售面试时能用到的正装也会有一定的市场。但是，选择销售童装显然就是驴唇不对马嘴的行为，很难打开销路。

如果你是一名全职太太，朋友圈有许多与你年龄相似的女性朋友，就可以考虑在微店上经营奶粉、婴儿车、尿布等婴幼儿产品。一方面，商品有销路、有市场；另一方面，你有经验，和客户有共同的话题，在日常交流中，可能会就自己的小宝宝展开众多讨论和询问，在交流过程中就可以夹杂介绍相应的商品，这种营销方式是微店最大的特点，也是我们所提倡的。

除了依照朋友圈客户群特点来分析朋友圈的需求，还可以通过日常的交流信息来确定朋友圈最近流行什么商品。一些好友在买到自己心仪的商品时，很有可能会拍照上传，在朋友圈里"晒一晒"，根据他们分享的信息，店主就可以确定他们的需求和喜好。

还有一种更直接的方式，就是直接在朋友圈内询问。比如，有哪些想购买但是不易购买的物品，或者是有哪些常用品购买时不方便、价格太高，或者有好友感叹"如果有卖某某商品的就好了"，等等。

当然，询问法也有局限性，因为很多时候，朋友圈客户自己也说不清到底需要什么，而且他们所诉说的和我们理解的也可能存在一定的偏差。所以，未必你照他们所说的做了，他们就一定会买账。因此，在确定朋友圈热卖商品时，最好是分析、观察、询问三种方法相结合，这样不仅能找准商品经营方向，也能不落入俗套，根据现有的热卖商品打造出属于你自己的新热卖商品。

选对商品找对路

明确了微店卖什么商品之后，接下来最大的问题就是要去哪里进货。无论是开实体店还是开网店，进货渠道往往都是众多没有从商经验的创业者们最为头疼困扰的问题。

其实，进货渠道是很多的，我们平时通过交谈、查询也会获取一些渠道。所以，很多时候，我们并非不知道从哪里进货，而是不知道哪个进货渠道好，不知道具体要如何去做，这两点才是创业者们真正的困惑。

无论通过哪一种渠道去筹备货源，都不是轻松的，需要我们付出许多时间和精力，慢慢学习，慢慢摸索。货源问题是经营的一道坎，只有迈过去，创业者们才能成长。

1. 实体店寻货源

实体店是我们平时最容易接触到的货源地，而且所涵盖的商品类型也比较广，一些生活常用品一般都能在实体店中找到。

但是易于操作的代价就是成本，实体店的货源成本是所有渠道中最高的。由于实体店本身已经处于销售链条末端，受到上层各级批发商、代理商的层层加价，以及运输费用，商品本身的价格已经相当昂贵。再加上实体店需要支付店面租金、人员工资，还要保障自身赢利空间，商品价格就更高了。

通过实体店寻找到的货源，微店店主几乎就没有利润空间，如果商品定价高于市场价，微店的销售前景显然不会乐观。

那么，实体店的货源对我们是不是就完全没有意义了呢？也并非完全如此，实体店的货源可以帮助我们应对缺货时的紧急状况。

在微店经营过程中，对于商品的管理和控制不可能一直完美无缺，尤其对于新手来说，很容易犯没有把握商品库存数量的错误，从而导致缺货。一些突发状况，例如某商品突然遭到抢购，或者供货商处暂时缺货，也会导致我们没能及时补货。

在客户想要下单我们却没货的时候是最郁闷的，因为损失的不仅仅是一单生意，还打消了客户的购物欲望，损害了店铺的信誉。那么在缺货时面对客户下单要怎么办？联系之前的供货商进货显然是来不及的。而如果你销售的商品在当地市场能买到，你就可以先接单，然后到实体店中购买后再发给客户。虽然会损失这一单的利润，甚至会赔些钱，但是却提高了微店的信誉度和可靠性。

知名的聚美优品最初其实就是用类似的方式慢慢做大的。

在聚美优品发展早期，由于没有优秀的合作供应商，也拿不到高质量的货源，有时客户订单多了，现有的商品库存不够，他们就先从零售商那里进货，备齐数量后发给客户。由于聚美优品的业务是团购，商品售价往往都在6折以下，他们承受的损失可想而知。但是，虽然损失了短期的利润，但聚美优品的名字越来越响亮，来订货的客户也越来越多。由于名气增大，一些优秀的供应商甚至主动找到了聚美优品提出合作，整个公司进入了一个快速发展阶段。

所以，虽然实体店不能成为我们的常规货源，但是有时也是保证我们销售延续性的最后一道保险。

2. 网店寻货源

我们平时在网上购物时经常接触到的网店，其实也是处于销售链条的末端，一般说来，也是不适合拿来作为货源的。但是，和实体店相比，网店有一个优势，那就是价格要比实体店低。网店由于没有店面租金和税收，所以利润比较有保障，这也是网店比实体店有价格优势的最大因素。

不过网店的价格优势并不总是存在的，如果商品本身价格水分很小，那么网店和实体店的价格差异是很微小的。例如，毛巾、牙刷、袋装咖啡等单价比较低的商品，网店的优惠幅度就很有限了，如果你的一次采购量不大，考虑到运费，价格并不比实体店低多少。

网店货源相比实体店货源，商品种类要更加齐全。一个地区的商品种类总归是有局限性的，尤其是在一些小城市，可能有许多消费者想要购买的商品市面上都买不到。而通过网络，几乎可以轻松淘到全国各地区常见的商品。

但是，网店货源还要考虑到商品运输和质量问题。由于网店上的商品我们只是通过图片来进行判断，因此不能保证实物一定符合我们的要求，商品质量也难保不出问题。尽管如今网店管理得十分正规，一般都能争取到退换货，但是考虑到来回的运输时间，一次退换货过程就有可能耽误一周的时间，这会极大地错过商机，许多经营者显然折腾不起。

所以，和实体店货源一样，普通网店货源通常也只能是作为一种辅助手段。例如，我们在设定主打商品的同时，为了使微店商品种类看起来更丰富，可能会搭配一些其他的相关商品，但是我们的供应商能提供的商品类型有限，只能满足我们主打商品的需求。由于这些搭配商品的需求量相对不是很大，再去寻找一个新供应商会很麻烦，也不容易达成合作。这些商品的目的是为了使微店商品更丰富，我们赢利的主要来源还是主打商品，因此这类商品对货源的要求可以相对宽松一些。这时，就可以通过网店采购少量自身需要的"噱头"商品。

3. 做代购，轻松赚

代购，简单来说就是找人帮忙购买需要的商品。通常情况下，需要代购的商品可能是在当地买不到的商品，又或者是因为某商品在某些地区的价格要低一些。这时，我们就会通过一些有途径、有资源的代购商来购买商品。

代购在近些年来可谓越来越火爆，虽说现在市场繁荣了，交通便利了，但是人们的见识和需求也在随着互联网的普及而越来越高，国内市场的商品已经无法满足人们的需求，越来越多的人开始将眼光投放到全球，寻找一些不易购买到的国际品牌或新奇商品。据统计，2009 年海外代购市场规模为 50 亿元，2010 年海外代购市场交易规模达到了 120 亿元，2011 年年底海外网购的规模达到 241 亿元，而到 2012 年达 480 亿元。几乎每年都保持着翻倍增长的趋势，可谓相当火爆。

一些特殊事件也刺激了代购行业的繁荣。例如，当年震惊全国的三鹿奶粉事件爆发后，就有许多年轻母亲通过各种代购途径，从美国、新西兰等地区花高价购买国外奶粉。

代购，根据地点区分，主要有港台代购和海外代购。香港被称为购物者天堂，由于政策因素这里有许多免税店，所以相同的商品，在香港购买也会比内地便宜许多。而海外代购，更多的是购买一些在国内无法买到的商品。一些比较知名的品牌产品，在权衡市场和成本之后，还是决定只在少数地区发售，这对于国内一些有需求的消费者来说是一种巨大的遗憾。一些消费者为了买到心仪的商品，甚至不惜花大价钱找人代购。所以，做代购，无论是从市场需求还是从利润来看，都是很有发展前景的。

当然，做代购并不容易，如果没有相应的资源和条件很难得以实施。一般，做代购的人都是在港台或海外留学或定居，或者是在相关地区有关系较好的亲戚朋友等。还有一部分人是利用职务上的便利来做兼职代购。比如，我有一个朋友在海军参军，经常会在我国南部沿海或是东南亚地区执行任务，当一次任务结束后，就会在相应的港口逗留一两天，船员们也可以下船自由活动。所以，他每次出海时都会先调查停靠港湾有什么特色产品，然后发到网上寻找有需要的客户。

可见，代购虽能轻松赚钱但并不是每一个人都有条件、有机会去做的。相反，如果你有代购的条件或资源，一定不要浪费，可以根据这一点来设计微店的商品经营方向和类别。

4. 手工 DIY 产品

如果你有着独特的手艺，在微店中主要经营手工 DIY（Do It Yourself 的缩写，即自己动手做）产品（如图 4 - 2 所示），那么恭喜你，你的货源渠道问题已经解决大半了。

图 4 - 2　手工 DIY 商品

手工 DIY 产品的原料一般都是些比较常见的材料，通过相应的手艺，加工成为一件件巧夺天工、富有创意的艺术品。实际上，我们的制作手艺和创意就是我们的"货源"。所以，经营手工 DIY 产品，从一开始我们便已将货源牢牢掌握住了，不必再忧心忡忡地满世界寻找优质货源。

手工 DIY 产品的货源质量以及所能获取的利润，全靠我们的手艺和创意来决定。DIY 产品制作得越精美，越能吸引消费者眼球，就越能卖出高价。产品的定价往往和原材料无关，也不会受到相似商品的价格冲击和干扰，因此利润很高。

一般越精美的产品，所要花费的制作时间也就越长，产量也会因此受到影响。而且精美的 DIY 产品制作流程相比其他产品要复杂困难许多，他人很难学会。虽然这样保证了你的产品的独创性和竞争力，但是同时也意味着产品全部需要你独立制作，因此很难进行大规模经营。

还有一种经营方向是定制 DIY 商品，也就是仅仅向客户提供一个商品种类或是展示品，然后根据客户的需求，改变图案、样式、材料等，为客户量身定做他希望得到的 DIY 产品。这种经营方式的优点是不愁产品卖不出去，先接受预订，然后再制作。缺点也很明显，那就是客户的需求千奇百怪，每一份订单都要特别制作，因此需要投入更大的精力，产品的制作量也会相应缩减。

经营手工 DIY 产品，你不仅是销售商，同时也是生产商，属于自产自销。虽然不必操心寻找货源渠道的问题，但是商品准备工作的强度有增无减，需要全身心地投入其中。

5. 地方特产

地方特产也是一种易于寻找和准备的货源渠道。基本上我们每到一个地方，都能很轻易地找到众多特产专卖店。尤其是知名的特产地区或是旅游城市，特产专卖店可谓是遍布大街小巷。

但是这类特产专卖店和零售店有同样的问题，那就是它们同属终端销售环节，商品价格太高，尤其是一些在知名商圈开设的专卖店，由于店铺档次高、产品包装好，因此价格也往往十分昂贵。对于许多并非拿来送礼，只是自己用于收藏或使用的客户，这些过度包装的特产并不实惠，所以，我们在选择地方特产货源时最好避开高档特产专卖店，这些店只是为游客提供购物方便的，并不适合我们批发采购。

在寻找特产货源时，可以找一些并不起眼的小店或是家庭式作坊，这些地方的特产价格会低一些。或者是到当地的特产批发市场去寻找货源，但是这就需要你一次性有相当大的采购量，对方才会愿意与你合作。

如果你的微店经营的是本地特产，主要销往外地，那么货源的准备就更简单了。因为你对当地的市场更加熟悉，通过向亲朋好友打听询问便可以很轻易地找到哪家店的特产质量又好价格又便宜。

一些工艺比较简单的特产，个人或少数人即可加工生产，这种特产的准备就更加便利了。例如，一些山区的少数民族，几乎家家户户都会制作一些民族特色的编织品，然后向外销售补贴家用。

如果经营者个人或者家人能够独立制作当地特产，那么便不必再操心货源问题。自己制作的特产，不仅质量有保证，而且成本几乎不可能比在外采购的成本更高。

不过，家庭制作的特产可能更注重实惠和实用，在卖相上会差一些。为了确保销量，最好平衡好卖相与成本的关系，使特产既好看又便宜。

寻找地方特产货源，特产的新奇度和质量要比价格更重要一些。只要特产在相应的市场够新鲜，质量够好，即使售价贵一点，也是有客户愿意购买的。

6. 微店网分销商

微店网也是一个新兴的网络平台（如图 4 - 3 所示），微店网分销商就是通过该平台销售产品的商家。与传统的分销系统不同，微店网的分销系统是扁平化的，也就是说，经营相同商品的分销商没有上下级关系，他们都是直接代理厂家的货物。因此，每一个微店网分销商的货源都是非常接近第一手货源的。虽然微店网分销商几乎全是个人，但是作为商品来源的厂家都是经过微店网官方认证的，因此无须担心信誉问题和商品质量问题。

不过，虽然商品本身质量不用担心，但是并不代表所有商品都和我们看到的或想象中的一样。许多微店网分销商，由于他们本人都没有见过商品实物，而是通过厂家的图片来了解商品，所以很多时候，他们对于商品的了解和我们相差无几，这就难免在沟通中对商品认识产生偏差。当货物送到后如果发现和预想中差距过大，即使能够退换，也免不了许多的麻烦。

微店网分销商货源的另一个问题是商品种类，微店网是一个新兴的平台，尽管发展速度迅猛，微店网本身也正在通过多种渠道吸引更多的厂家入驻，但是终归发展时间还很短，想要真正实现微店网的商品繁荣还有很长的路要走。

微店网分销商是我们能够最容易接触到的厂家货源，而且网络订货不需要我们四处奔波，坐在家里动动手指即可寻找到各大厂家的产品。虽然目前的选择还不够丰富，但是值得我们持续地关注。

7. 批发网站

批发网站是批发市场与网店的结合，是传统批发市场在电子商务时代的新形态。

从传统的批发市场进货很麻烦，需要我们一家一家地去看。而且一个批发市场的货可能无法完全满足我们的需要，这时还需要到其他的批发市场进行补充。我们所能够接触到的批发市场往往都局限在我们居住地的周边，因此选择范围很有限。到外地的批发市场，一是人生地不熟找起来困难重重，二是舟车劳顿，路费、住宿费等加起来也不是小数目。

选择从传统网店进货，价格又无法满足我们的要求。而且网店大多是个人化的小批量销售，当决定大量进货时，缺乏批发经验的商家难免会在备货、发货上出现疏漏。

而批发网站的出现，则很好地集合了批发市场与传统网店的优点，弥补了一些不足。目前，最知名的批发网站为阿里巴巴。

作为国内最早涉足电子商务的企业，同时也是目前国内电子商务领域的领头羊，阿里巴巴在资源、技术、管理、安全、信誉上都有很大的优势。从阿里巴巴进货，可以很大程度上实现微店经营者的省心省力。

批发网站虽然也有起订量，但是和传统批发市场比起来，门槛要低得多。一般来说，商品的价格越低，起订量就越大。而一些单价较高的商品，也是支持一件起订的。

另外需要关注的一点是运费。方便运输小件商品，只要你的订货量够大，一般卖家都会提供包邮。而一些运输困难的大件商品，则需要和卖家协商运费，一般由买家承担。大件商品的运费不菲，但是和我们到外地批发市场进货所花费的车旅费相比，已经是相当实惠了。

一般，当地也都有一些地方性的批发网站，从这类网站上进货，在进货时间和运费上会有很大的优势，当发现商品出现问题时，也能更快地联系厂家进行调换。但和阿里巴巴平台相比，在货源选择上就会少许多。

在实际进货过程中，我们可以根据经营商品的需要选择相应的批发网站平台，不仅要考虑到价格因素，信誉、距离、售后等同样是重要的选择因素。

8. 厂家直接进货

从厂家直接进货大概是所有商家最希望采用的进货方式。首先，只要厂家本身信誉可靠，那么货源质量就有保障，而不像从分销商、零售商那里进货，还需要考虑商家是否有意或无意地掺假、售假。其次，厂家货源是第一手货源，没有众多中间商附加利润提高价格，因此，厂家的货源通常是整个市场中的最低价。

既然厂家货源的价格和质量都有着巨大的优势，那么是不是我们经营微店就一定要努力同厂家开展合作呢？实际情况并没有那么简单。

经营者通过厂家进货的最大障碍就是订货量，一般情况下，厂家为了保证销量和利润及方便管理，只会和一些大批发商合作，一单生意的起订量都是很大的，绝非一些零售商所能承受的，对于刚起步的微店就更是如此了。如果为了获取低价货源就硬着头皮大量进货，不仅要一次性投入大量资金，还要面临库存压力与滞销的风险。

当然，并不是所有的厂家都只和大批发商合作，一些不知名的中小型厂家也会接受较小批量的订货。但是和大厂家相比，这些中小型厂家由于没有十足的信誉保障，需要我们多花一些时间调查走访，从而确定厂家是否可靠。一些中小型厂家的产品质量实际上是很高的，但是由于自身规模有限，往往专注于生产，没有好的销售渠道，当手里压货时就会急于出手，因此价格较低，而且起订量门槛也会相应放宽。

和厂家合作的另一大问题在商谈合作环节。即便是再小的厂家，也是具备相当的规模的，而微店店主往往是单打独斗，一个人经营，因此双方在实力、经验方面必然会有很大的差距。虽然微店店主是厂家的潜在客户，也难保不会处处受"压制"。

同大厂家合作门槛高，而且想要找到负责人绝非易事，可能需要多次的联络和预约才能见上一面。但同小厂家合作门槛会低很多，而且负责人往往也没有什么"架子"，在谈判环节会轻松一些。但由于小厂家多如牛毛，而且许多厂家的地址都比较偏僻，需要我们一家家寻找，一家家筛选，总体而言也并非轻松的工作。

随着网络的普及，有许多中小厂家可能会通过网络发布信息，寻找批发商。我们平时可以多多关注这类信息，感觉有合适的货源就先收集一下厂家的相关资料信息，然后和厂家负责人电话联系，询问一些基本事宜，感觉合适了再约定见面商讨。这要比我们无头苍蝇似的到处乱跑要有效率得多。

"从厂家拿的货，价格一定是最低的"，这是人们的惯性思维。可是，这种想法并非百分百正确，有一些因素会导致厂家的报价甚至比其他渠道的报价更高。最常见的影响因素就是你所在的当地市场已经有较大的代理商或经销商，这样，厂家为了保护代理商或经销商的利益，就不会给你很低的报价。通常情况下，你的进货量肯定要比代理商或经销商小，因此厂家给出的报价甚至会高于代理商或经销商给出的报价。

从厂家直接进货，看起来很美好，操作起来也并非易事。所以，微店店主们不要迷信厂家货源，根据自身的经营状况及条件进行选择才是最好的。

9. 微店中的卖家市场

微店中的卖家市场（如图4-3所示）也能为我们提供货源，这也是许多微店创业者最容易获取的进货渠道。

图4-3　微店中的卖家市场

首先登录微店 App，在主界面的第二页会看到卖家市场这个选项，点击"进入"后，便能发现批发市场中全是一些提供货源的微店，我们可以在其中寻找自己所需的商品。里面的微店都是经过认证的，所以信誉和品质有保障。

虽然操作简单，但微店批发市场也有很大的局限性。原因是微店本身就是一个新兴的平台，所以在微店中进驻的商家数量也是很有限的，这就导致我们的货源选择范围变小，很多时候并不能满足我们的需求。而且，批发市场中目前尚没有分类或搜索内容，因此想要找到需要的货源是一件十分麻烦的事情。

微店的卖家市场中还有一项功能——转发分成。其中的商品全部设有佣金，当你将这些商品转发出去，只要有人通过你转发出去的链接购买并支付，你就能够获得商品所标注的佣金。

和我们自己经营获取的利润相比，佣金数额自然不多，但是，这种方式不需要我们承担风险，不需要我们进货，只要进行相应的推广就可以了。所以，一些微店新手或是兼职创业者可以先通过这种方式来"练习"，既可以学习微店的一些相关知识，培养自己挑选商品的眼光，也能调查哪种商品在朋友圈内比较受欢迎，比较有市场。

转发分成目前也存在和微店批发市场同样的问题，一是商品种类有限，二是不支持分类和搜索，实际操作起来限制很多。

总的来说，微店中的卖家市场目前仍处在起步阶段，所以并不能满足每一位微店创业者的货源需求。但是作为一种最易于寻找和操作的货源渠道，微店中的卖家市场对我们仍有很高的参考和尝试价值。

选择货源的技巧

在明确了进货渠道后，微店创业者就可以根据需要准备微店的商品了。但是，在货源的选择和采购上，仍有许多门道需要学习。

货源对于店铺的重要性不言而喻，对于微店来说更是如此。传统店铺，除了货源这个竞争要素外，还可以通过店铺的装修、氛围、地理位置等来获取竞争优势，吸引消费者眼球。但是微店只能依赖货源，货源的质量和价格就是微店的生命线，没有高性价比的优质货源，经营压力就会增大，促销的手段和力度也会受到限制，不利于微店的传播和发展。

怎样进货才能保证货源质优价廉，是每一个微店店主最迫切了解，也是最需要了解的内容。

1. 网上进货注意事项

对于缺乏从商经验和资金实力的个人创业者来说，直接找厂家或是到产品产地去寻找货源是困难重重的，因为没有门路，只身一人去毫不熟悉的地方寻找货源只会像无头苍蝇一样到处乱撞，不仅费时费力，而且也难以取得效果。于是，通过网店、批发网站等网络进货渠道，足不出户地寻找货源，成了许多微店创业者更乐于接受和易于操作的方式。

但是，网上进货有一定的风险性（如图4-4所示）。首先，我们见不到实物，网上的图片往往是经过美化的，而且只能看到外观，对于有些商品，可能需要我们亲自试用才能确保符合要求，因此，网上进货质量难以保证。其次，当发现有问题商品后，和商家联系退换货事宜会比较麻烦，即使商家爽快地答应，更换商品也需要浪费大量时间。

所以，为了商品质量和售后服务有保证，我们可以选择高知名度、高信誉度的大型网络平台来确定货源。例如，阿里巴巴的批发市场、微店的卖家市场等，入驻的商家都经过了认证，有较高的可靠性。

但这种选择也并非十全十美，一是我们未必一定能找到满意的货源；二是由于平台知名度太高，大家都能轻易找到，难免商品同质化严重。为了能找到更满意更有特色的货源，一些人选择地方性的批发网站，或是厂

网上进货注意事项

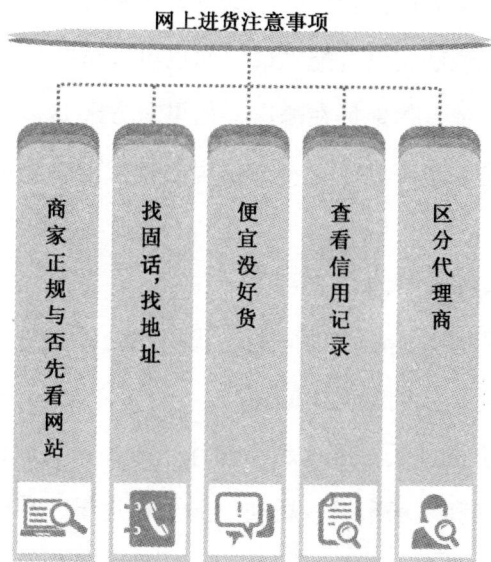

图4-4　网上进货注意事项

商自己的网站，甚至是通过直接推送的广告寻找货源。这些途径往往蕴含着更大的风险，因此，通过这些网络渠道进货时务必要注意以下几点。

（1）商家正规与否先看网站

如果有广告声称自己是批发商，是厂商货源，但却连个像样的网站都没有，而是通过网络相册、QQ（一种网上聊天工具）等来展示商品，微店店主就要格外注意了。虽然网站不能代表全部，但是一个通过网络进行推广的厂家却连网站都没有投入和制作，显然是很有问题的。

一个正规的网站，需要购买空间和域名，想要做得漂亮，还要找专业的网络公司进行设计，需要不少花费。因此，网站看起来越好，厂商的实力和可信度也相对越高。

（2）找固话，找地址

在和商家联系时，不仅要知道对方的QQ、微信、手机号等，最好能询问对方的固话号码。虽然如今手机和各类网络通信工具越来越普及，但是一般从事批发的实体店铺和厂家还是会配有固话的。

如果对方推托说确实没有配固话，你也可以试探性地提出要直接去厂里看一下现货，问他具体地址在哪里，如果对方还是以各种理由拒绝上门看货，那就肯定是心里有鬼了。一个正规的批发商，不可能连一个仓库都没有。

（3）便宜没好货

价格是在进货时关注最多的问题，我们四处寻找货源，有一半甚至一大半的原因都是为了找到最低价的商品。

但是，如果价格过低，远远超出预计，那么，我们也要提高警惕。对于从事批发的店铺和厂家来说，赢利一般是靠走量，单件商品的利润往往是很低的，由于价格水分低，进一步压价的难度是很高的。如果对方轻易地接受你的砍价，甚至主动提出给你优惠，那么可能他是一个骗子，或者商品质量有严重问题。

（4）查看信用记录

对于在批发网站上入驻的商家，我们可以查询他们的交易记录，看一看其他进货者的评价，以此来评估商家是否可靠。

对于不在批发网站上的商家，我们可以在网上直接输入他们的店名、厂名等进行搜索，看看其是否有负面信息。一般出现严重问题的商家，即便没有被公安机关查处，也会被网友曝出大量"丑闻"。在搜索时也有一些技巧，不要只简单地输入名字，可以在后面输入"有问题""骗子"等负面词语，有时可以帮助我们更快更深地挖掘出想要的信息。

（5）区分代理商

在网上，有一些标榜是厂家直销的，其实只是代理商，他们其中有一些连库存都没有，接到客户的订单收到货款后，再到厂家订货。由于不是第一手货源，所以无法保证最低价，在订货、发货、售后也容易出纰漏。

所以，在和商家交流时，不要轻率地相信对方的话，多从几个角度提出问题，做一些试探，以此判断对方究竟是厂家还是代理商。

2. 成功进货需要掌握的要领

进货，看起来是看货、交钱、坐等货到这么一个简单的流程，但想要保证始终顺利绝非易事。成功进货是一门学问，进货的数量、质量、品种等，进货的渠道和价格，补货的时间及补货的数量，都需要经营者有周密的规划（如图4-5所示）。

图4-5　成功进货需要掌握的要领

微店经营的商品并非简单一种，不同的商品有的畅销，有的滞销，有的压了几个月还没有生意。所以作为卖家，一定要有敏锐的眼光看准需要补货的时机，否则，买家可能就跑到别的竞争对手那里去了。在进货时想要做到运筹帷幄，需要掌握如下要领。

（1）对经营状况了如指掌

想要做好进货工作，首先做到的最基本的一点就是把握好店铺的具体经营状况。

无论销售什么商品，能够卖出去才是成功的。也就是说，你采购的商品，客户要有需要，还要喜欢。想要真正做到这一点，一方面要深入了解客户群的需求，另一方面需要经营者快速积累经验，增强对商品的判断能力，从而建立起强大的进货信心，保证商品的销售效果。

（2）货比三家

在我们购物时，常常会货比三家后，购买性价比最高的商品，进货选货源的过程其实也是类似的。

为了使进货价格最合理，不要急着下结论，可以向多家供货商咨询，并从中挑选出各方面都适合自己的店铺销售的商品。记住，询问价格只需要我们动动嘴皮子，而不需要付出其他代价。如果草率做决定导致没能找到最优的货源，会付出惨痛的代价。

在向供货商咨询时，不能仅仅只考虑价格因素。在价格相差不大的情况下，商品的质量、商品种类的齐全程度、供货商所在地的距离、交通运输状况等，同样是非常重大的影响因素。

（3）勤进快销

勤进快销是加快资金周转，避免商品积压的有效经营方式。

许多微店店主在刚创业时，自身资金实力比较有限，销售能力也很有限，大规模进货对于他们来说有很大的风险，而且也没有足够大的市场和客源将商品全部销售出去。这时，勤进快销就是一个比较稳妥的方法，可以盘活商品与资金的转化，更好地掌控微店经营。

当然，也不是进货越勤越好，进货频率过高不仅会增加自己的劳动量，还会增加经营成本。同时，进货的频率还要考虑到商品特点、销售趋势、货源状态、进货方式等因素的影响。

（4）商品知识储备

一些经营者在进货时通常只会一味杀价，而不去考虑其他因素的影响，他们总认为，供应商给自己的报价肯定是有空间、有水分的，因此总想进一步压低报价。但是这样一来，就很容易被对方掌握到弱点，如果供应商知道你有这个习惯，而对商品、对市场根本没有具体的了解，他们就会在报价时故意抬高，等待你来砍价。

所以，想以最合适的价格进货，关键还是要经营者储备充足的商品知识，对相应商品当前的市场价有准确的掌握，对影响商品价格的重大市场因素、政策因素等都能快速了解。这样，在得到供应商报价时我们心里才有底，才有一个比对标准，不至于被欺骗。

（5）按供求关系进货

不同的商品有着不同的供求关系，而不同的供求关系影响着我们的进货选择。比如，对于货源正常的商品，我们就可以根据商品库存量，等到商品库存不足时再进行补货。而对于货源不稳定、时断时续的商品，则要根据销售状况预估一定时期的销量，一次性备齐下一阶段要销售的商品数量。

对于供求平衡的商品，根据销售状况来决定进货数量，多销多进，少销少进；对于供过于求的商品，如果采取了促销措施销量仍不理想，则可以选择不进；对于供小于求的商品，则通过多方渠道尽可能备齐客户需要的总量。

（6）注重季节性规律

对于一些季节性差异明显的商品，在进货时间的掌握上也是至关重要的。其中最为常见的就是服装行业，一般情况下，服装行业的换季进货时间都会比市场提前一两个月。在炎炎夏日时，商家就已经开始筹备秋衫了，而在秋季过半时，便又会开始准备冬衣。

如果你不了解这个规律，在夏日的末尾还在忙碌不迭地采购夏装，很有可能会导致在换季时商品积压。而当秋季来临后，你又会因为没有提前做好商品准备而落后他人一截，错失市场机遇。所以，根据商品的季节性规律提前做好进货准备是很重要的一点。

3. 如何进货才能有大利润

开店做生意，说白了就是一个赚取差价的过程。提高利润不外乎两个方面，一是提高自己的商品售价，二是降低自己的商品进价。但是在这个商品爆炸的时代，几乎各行各业都呈现出买方市场，在这种环境下提高售价显然不利于销量，反而会影响总利润，也会影响店铺的发展。于是，尽可能获取低价的货源就成为了提高利润的最主要方式。

低价货源的寻找和发掘，需要我们在进货环节掌握一定的方法技巧（如图4-6所示）。

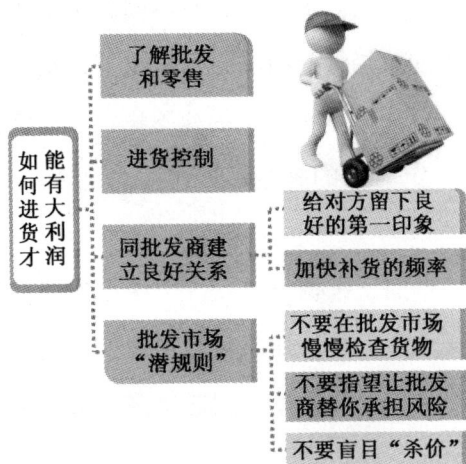

图4-6　进货环节的方法技巧

（1）了解批发和零售

批发与零售的区别在于，批发处在上游，单个商品利润很低，靠大量出货来赚钱，而零售处于下游，单个商品利润较高，但是出货量有限。其实，做生意的过程，很多时候就是以批发价购买再以零售价销售的过程。

进货的成本是影响利润的一大因素，降低了进货成本，就相应提高了利润率。而控制进货成本的关键就是以批发价而非零售价购买。

在开店初期，经营者由于对商品缺乏详细的了解，对商品的销路没有把握，因此往往选择每种类型的商品只进一小部分作为样品，通过试销来了解客户的实际需求和喜好，等确定某种商品需求量大时再进行补货，这样的做法相对稳妥，风险也更小。

但是这种方式也有明显的缺陷，那就是难以获取价格优势，因为几乎不会有批发商愿意给你小批量提供商品，即便是他们勉强同意了，给你的价格也肯定会比批发价高上许多。这样，我们进货的单价接近于市场零售价，利润空间就变得极其有限了。

解决这种状况的最佳方式就是经营者自身要快速成长，积累经验，准确地把握市场，对主要商品的销路、销量有较为准确的评估，有充足的信心大量批发，靠数量优势从批发商那里得到较低的报价。

（2）进货控制

进货控制包括多方面的内容，如进货金额、进货商品种类、每种商品数量等。

初次进货，商品种类要尽可能齐全，因为刚开始时，你对消费者的需求判断不可能保证准确无误，因此要提供更多的种类让消费者选择。但是，每一种类的商品数量都不要过多，避免滞销导致货物积压。

当对消费者的需求有了一定了解和把握之后，便可以集中锁定某几种商品来进货。这时，可以加大每种商品的进货数量，从而向供应商索要更多的优惠。记住，购买量越大，优惠越多，这是一个普遍的规律。

在商品管理方面，我们一般都会根据商品销售情况的不同设定不同的库存量和周转量，当某种商品库存低于预先设定数量时就要联系供应商进行补货。但是，在经营过程中，不同商品的补货时机很难保持一致，往往会全部分散开来，如果我们完全及时性地补货，显然是没有效益的做法。一来一次进货商品数量少，从供应商那里拿不到低价；二来每批货都要支付一次运费，是巨大的浪费。

所以，在补货环节，我们就要适当地"冒险"一些，当一种商品到了补货临界点时，看一看有没有其他商品也接近了临界点，如有，可以适当地等一下，到其他几种商品也需要补货时联系供应商一同进货。如果某种商品已经到了不得不补货的时间点，可以选择几种销售势头较好的商品提前进行补货。总而言之，就是要保证每一次补货的商品数量，避免补货过于频繁。

（3）同批发商建立良好关系

我们说过，批发商的单件商品利润是很低的，所以想通过"嘴皮子"去压价非常困难，想要从批发商那里获得优惠，最好的方法就是与其建立长期稳定的合作关系。

和批发商建立良好关系可以从以下两方面着手。

①给对方留下良好的第一印象。首次进货要有一定的金额，让对方感到你是有实力、有潜力的大客户。如果进货金额过少，就会让对方感觉你没多大实力，或者是对他们的产品信心不足，这样就不能给对方留下深刻的印象。当然，进货数量要量力而行，不能为了给对方留下好的第一印象就盲目进货导致最终滞销。

②加快补货的频率。如果你经常联系批发商补货，即使每次数量都不大，也能给对方留下好印象。批发商会认为你商品周转速度很快，资金回笼快，能为他们带来长久稳定的订单。而且，联系补货的过程就是到批发商那里"露脸"的过程，久而久之，对方自然很容易就记住你了。

成为批发商的熟客之后，可能不需要我们主动去砍价，批发商就会主动为我们提供一些价格上的优惠，因为我们也是批发商的客户，他们自然也想尽可能留住客户。

除了价格上的优惠，我们还有可能从批发商那里获得一些其他支持。例如，有新货时他们会主动通知我们，或者遇到同时下单时，优先将货物发给我们。还有就是批发商会向我们透露近期哪种商品热销，我们就能够根据信息做出更准确的市场判断和经营决策。这些支持，有时比价格上的优惠更加重要。

（4）批发市场"潜规则"

每一行都有各自的门道，这些门道经过长期的发展渗透，逐渐演变成业内人士的一种不言自明的规则。这些规则本身并没有明文规定，一般也没有什么强制性，但是却是一种习惯。根据这些习惯，业内人士就能够轻易判断出哪些人是内行，哪些人是门外汉。

无论我们是新手还是老手，在从批发商那里进货时都要注意一些"潜规则"，把自己包装成"批发专家"。如果让批发商觉得你是新手，难保他们不会因此小瞧你，给你报出虚高的批发价，或者提供一些误导性的虚假信息。如果让对方感到你是业内人士，那么在同他们交流谈判时，他们就会"诚实"许多。

在批发市场中，有三条基本错误是绝对不能犯的，但恰恰也是新手最容易疏忽的。

①不要在批发市场慢慢检查货物。如果提货后就在批发市场蹲点一件件地清点货物，就会让批发商认为你是一个麻烦又啰唆的客户，从而不愿意与你长期开展合作。一般在提到货后，只要清点一下数量无误便可以了，回去后再进行更细致的检查，若发现货物有问题再联系批发商进行调换。当然，检查要在货物送到后尽快进行，以免时间间隔太久批发商不认账。

②不要指望让批发商替你承担风险。在进货时，千万不要问批发商如果货物不好卖能不能调换成好卖的货物之类的问题，这会让批发商一眼就看出你是生意场上的新手，接下来他们会给你报什么价，提供什么服务也就可想而知了。毕竟，如果能这样把控风险就不会有那么多做生意失败的案例了，批发商没有义务帮你承担生意上的风险，愿意积极地帮你更换货物中的次品已经是对你很大的支持了。

③不要盲目"杀价"。批发市场的价格调整空间很小，因此在和批发商谈价格时就不能像在零售店买东西时一样，什么都不看就先砍个一半，然后再软磨硬泡。在批发市场，批发商很少愿意提供优惠，尤其是双方初次合作时。即使愿意，一般也只是象征性地下调2%～3%。如果你死缠烂打地要求对方在批发价的基础上再打个8折，就会让批发商知道你很少逛批发市场是个新手。

进货是经营店铺，确保利润的一个重要步骤，有许多需要学习和掌握的知识、技巧，一些在商场中打拼了许多年的人都未必能做到炉火纯青、毫无疏漏。上文中所陈述的四点技巧只是一些基础，只要你能够熟练掌握并应用，在进货环节中就不会犯致命的失误，从而赢得相应的利润。如果想要更进一步地提升，则需要不断积累经验，积累关系，提升自己的经营水平。

4. 什么商品不能销售

无论从事何种行业，做什么生意，遵守相关的法律法规，在固定的规则下活动是每一位公民应尽的义务。规则不仅是对买家的一种保护，对于卖家而言同样是一种保护。如果因为销售不合规定的商品导致消费者受到伤害，不仅会使商家信誉受到损害，还会造成直接的经济损失，甚至受到法律严惩。

微店作为一种电子商务平台，基于商品本身可能存在的危害或带来的社会风险等因素，也会有一些特殊的管理要求。

目前，微店上明令禁止销售以下12类商品。

①仿真枪、军警用品、危险武器类；

②易燃易爆，有毒化学物、毒品类；

③反动等破坏类信息类；

④色情低俗、催情用品类；

⑤涉及人身安全、隐私类；

⑥药品、医疗器械类；

⑦非法服务、票证类；

⑧动植物、动植物器官以及动物捕杀工具类；

⑨涉及盗取等非法所得及非法用途软件、工具或设备类；

⑩未经允许违反国家行政法规或不适合交易的商品类；

⑪虚拟类；

⑫其他类。

其他类商品主要是指国家明令禁止生产或销售的产品，或是违反质量法等相关法律规定的产品。例如，过期的失效变质商品，掺杂掺假商品，以假充真或以次充好的商品，伪造产地、冒用厂址的商品，伪造或冒用品牌、认证标志的商品，成分及含量不符合行业规定标准的商品。

在《微店禁售商品管理规定》中有更加详细的介绍，经营者可以仔细阅读明确具体哪些商品不能在微店中销售。其实身为一个社会人，我们对于哪些商品是违反法律、违反道德的都有一个较为准确的掌握，在经营中，只要坚守正确的价值观，经营的商品方向就不会走上歧途。

"三百六十行，行行出状元"，无论经营哪一类商品，都有可能取得成功。因此，没有必要为追求新意、追求高利润就冒着触犯法律的风险去铤而走险，给他人及自己都带来危害。

第五章　紧锣密鼓——微店开张

做好开微店的各项准备工作后，就要开始正式筹划微店开张了。微店的注册、装修，商品的上架、管理，运费的设置，只有完成了上述工作，微店才算是真正布置完成，可以面向消费者开始营业了。

微信开店

微信开店，有两项最重要的准备工作：一是注册微店，只有有了微店，我们才能进行商品上架、展示及销售工作。二是了解并学会微店的支付方式，如果无法顺利地向买家收款，买家也无法顺利地付款，交易就永远也无法达成。

微信开店，有多种途径和平台可以选择，了解每种平台的特点和具体的操作方法，对于每一位想要开设微店的创业者来说，都是一个必要的学习过程。

1. 如何注册微信

微信是与 QQ（腾讯公司开发的一款即时通信软件）号捆绑的一部手机端的即时聊天软件，通过网络快速发送语音短音、图片、视频、文字，支持多人群聊的手机聊天软件。

其实，并非所有的微店都必须和微信绑定，但是，鉴于微信是经营微店最主要的推广工具之一，而且微信好友是微店潜在客户的重要来源，因此，无论是开哪种类型的微店，还是推荐注册一个微信号。

首先，安装微信软件，可以用手机上网直接搜索下载，也可以先从电脑上下载后再传输到手机中。接下来，在手机中打开下载好的安装软件，安装完毕后打开微信即出现微信的登录和注册界面。

由于微信是和 QQ 号捆绑的，因此我们可以使用已有的 QQ 号直接登录微信。如果没有 QQ 号，可以点击"注册"，使用手机号注册微信，先选择国家和地区，输入手机号，并勾选"已阅读并同意使用条款和隐私政策"，点击下一步即可完成注册。

当然，如果有 QQ 号的话，一般还是推荐使用 QQ 号直接登录，不过更重要的是通过这种方式登录微信可以共享 QQ 好友信息，不必再去一个个地寻找好友后重新加微信好友，省去了许多不必要的麻烦。

2. 如何申请微信公众号

微信公众号是开发者或商家在微信公众平台上申请的应用账号，该账号与 QQ 账号互通，通过公众号，商家可在微信平台上实现和特定群体的文字、图片、语音、视频的全方位沟通、互动。

第一，在网上输入微信公众平台并登录，点击右上角的"立即注册"，即可转入注册界面。第二，填写基本信息，第一个是我们使用的个人邮箱，邮箱可以用来登录微信公众平台，而且需要接收到激活邮件才能完成注册，因此请务必使用常用的邮箱并填写正确。第三，设定密码，密码要求 6 位以上，可以使用数字、字母、英文符号。为了确保账号安全，密码最好能够数字、字母、符号混搭，并区分大小写。第四，再输入一次密码确认无误，并填写验证码。第五，阅读完《微信公众平台服务协议》，并勾选"我同意并遵守"后点击下面的"注册"按钮。

一般，这时就会收到发送到刚才填写的邮箱的激活邮件，如果没能收到，先核对邮箱是否正确，若确认无误可点击"重新发送"。然后进入邮箱打开激活邮件，按照邮件指示点击链接以激活账号。

激活完毕后，会让你再次填写信息、手机号及身份证号，还要按照示例要求上传一张本人及身份证照片。填写手机收到的验证码后再次点击"注册"按钮，这时会要求你介绍账户的名称和功能，并选择运营地区、语言、类型，信息完善后点击"完成"。

最后，选择类型，公众号分为订阅号和服务号，功能各不相同，但是一般个人只能申请到订阅号。服务号的要求门槛较高，需要企业的营业执照，一般是由企业对象使用的。选择账号类型后微信公众号就创建完成了，接下来需要等待审核，一般 7 个工作日内即可审核完毕。审核通过后我们就可以输入账户和密码进入微信公众平台。

3. 如何注册微店

开设微店的途径和方法很多，常用的有两种，一是通过微信公众平台的微信小店直接进行商品经营，二是通过第三方推出的微店 App 软件进行商品经营。

微信小店是微信公众平台新增的功能，基于微信支付，提供商品添加、管理、维权等功能，帮助商家快速开设微店。

但是微信小店目前的进入门槛较高，因为只有已通过微信认证且已接入微信支付的服务号，才可以在公众平台的服务中心申请开通微信小店功能。这就意味着，只有拥有营业执照的实体商家才能够开通微信小店，广大个体经营者则被拒之门外。

注册微信小店，首先需要注册微信公众服务号，登录公众号后在"服务中心"模块中选择微信认证，微信认证需要缴纳 300 元的认证费用。之后阅读微信公众平台认证服务协议并勾选同意。最后点击下一步，进入材料提交环节。

在材料提交环节，首先需要填写企业的基本信息，按格式制作并填写申请公函，之后上传组织机构代码和申请公函的电子版。其次，提交完材料后就进入了信息完善界面，需要申请者填写公司名称、组织机构代码、负责人姓名、公司地址、联系方式等，同时还要填写公众号实际运营者的身份证号并上传身份证电子版。最后，填写公司的对公账户信息，选择开户银行并填写对公银行账号，同时上传加盖公司公章的申请材料。

至此，所有的申请信息和材料均已提交齐全，接下来要确认名称以及仔细核对各项信息，确认无误后点击下一步进入最后的支付环节。目前，微信认证仅支持使用微信支付，需要申请者将微信绑定银行卡完成支付。

支付完认证费用后要等待官方的审核，审核通过后微信公众号即出现了加"V"的标志。完成认证的公众号即可在"服务中心"模块中找到微信小店，进入后即可在其中进行添加商品信息、设置运费等操作，正式开始微信小店的经营。

另一种更适合个人的微店开店方式是使用第三方微店 App 软件，目前常用的第三方微店 App 有两种，一种是金元宝微店，另一种是口袋购物微店。这两种 App 是由不同的公司开发的，但是主要功能基本相似。目前，金元宝微店的附加功能要多一些，而口袋购物微店的界面更舒服，操作更便利，微店创业者可以根据自己的需要选择相应的 App 工具。

两种微店 App 的注册方式几乎相同，都是使用手机号码注册。在网页上搜索并下载软件后在智能手机上安装并打开，此时会出现注册界面，填写完手机号后，会收到验证码短信，填写验证码并设置密码后即可完成微店的注册。口袋购物微店还需要填写真实姓名和身份证号并通过认证才可以正式开通微店。

注册完微店后，有一个重要步骤是绑定银行卡，只有绑定了银行卡后，才能顺利收到买家支付的款项。绑定银行卡的步骤也很简单，在微店的主界面选择"我的收入"，进入后再选择"绑定银行卡"，在弹出的对话框中选择银行卡类型，并输入银行卡卡号，点击确定即完成了银行卡和微店的绑定。

4. 如何进行"公众号配置"

微信公众号是一个很好的营销工具，无论是小商户还是大企业，媒体还是政府机关，如今有许多都在利用公众号进行相关信息的推送。

金元宝微店可以进行公众号与店铺的对接，通过"公众号配置"功能更好地利用微信公众号进行微店宣传和推广。

想要进行公众号配置首先需要将微店与公众号绑定，登录金元宝微店平台，选择"公众账号管理"，如果之前没有添加过公众号，先点击下方的"添加公众账号"，在弹出的对话框中填写要绑定的公众号及密码，点击下一步即完成了微店与公众号的绑定。

绑定公众号后即可进行各项公众号配置，点击公众号管理图标进入管理界面，在"智能回复"的下拉菜单中提供了四种公众号对接方式（如图5-1所示）。

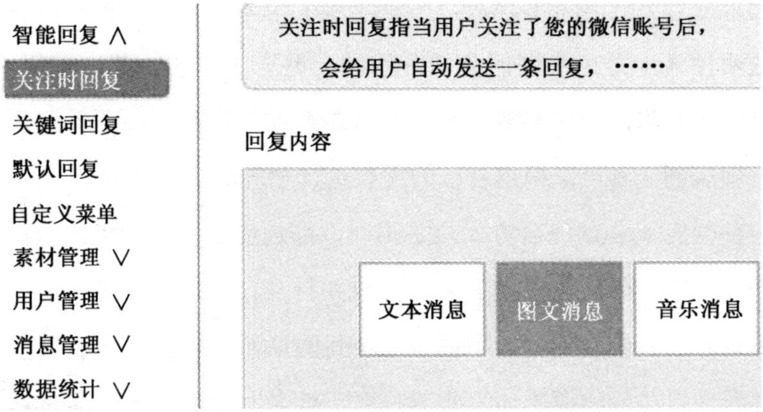

图 5-1　公众号对接方式

（1）关注时回复

关注时回复指当用户关注了你的微信公众号后，会给用户自动发送一条回复，用户点击回复内容，可以直接进入你的金元宝微店。

首先选择关注时回复，在回复内容中有文本消息、图文消息、音乐消息三个选项，经营者可以根据需要设计回复内容。回复内容编写完成后，在正文下方即可选择要对接的店铺，从左至右三个选项分别是选择微店铺、店铺名称、店铺首页。完成后交流对象即可点击你的公众号回复内容直接进入你的微店首页。

（2）关键词回复

当用户在公众号中的回复带有预先设置的关键词时，会自动给用户回复的内容，用户点击回复内容，可以直接进入店铺。

选择关键词回复后首先需要设置关键词，然后选择"精确匹配"或"模糊匹配"，最后再设计回复内容，选择对接的店铺完成设置。

（3）默认回复

默认回复指用户的回复中无匹配的关键词时，自动发给用户的内容，用户点击回复内容，直接进入你的金元宝微店。

默认回复是普通的自动回复，无论对方给你发送任何内容，都会以预先设计的内容回复对方。默认回复的设置方法同关注时回复相同，直接设计回复内容再选择对接的店铺即可。

（4）自定义菜单

自定义菜单是指微信对话窗口下方的菜单，对接店铺后，点击菜单，直接进入店铺。

首先打开自定义菜单管理界面，点击"关联"按钮，在弹出的对话框中直接选择要关联的店铺，再点击下方的"关联"即可完成公众号与微店的对接。

5. 如何开通微信支付

微信支付是微信联合第三方支付平台财付通推出的全新移动支付产品，旨在为广大微信用户和商户提供更安全、更优质的支付服务。而且，微信支付也是在公众号开通微信小店的必要条件。

买家开通微信支付非常简单，首先登录微信，进入账号设置界面，选择"钱包"选项进入"我的钱包"界面，单击右上角的按钮呼出菜单，选择"添加银行卡"，此时就会弹出一个输入框要求你输入需要绑定的银行卡号。输入卡号后点击"下一步",再输入银行卡的预留手机号码,并勾选"同意微信支付协议"后点击"下一步"。此时手机会收到验证码短信,填写完验证码点击"下一步"即可完成微信和银行卡的绑定,开通微信支付。

开通微信支付后,装有微信的智能手机就变成了一个电子钱包,之后在购买微信合作商户的产品或服务时只要在手机上输入支付密码,不需要任何刷卡步骤即可完成在线支付,整个支付流程简便快捷。

相比买家,卖家要开通微信支付的步骤就要复杂一些,这点和使用支付宝的淘宝卖家是一样的。

首先,商家要开通微信支付必须要有微信公众号,且必须为服务号,这就将众多个人商户拒之门外,能够开通微信支付的商家,必须是具备营业执照的企业或个体户。

申请完公众服务号后,还必须通过微信认证才能开通微信支付。首先,登录微信公众平台,点击服务功能栏下的"服务中心"模块,选择右侧的"商户功能",在弹出的对话框中,会要求填写"商户基本资料""业务审核资料""财务审核资料"三大项内容。

商户基本资料主要是公司的经营范围、商品描述、客服电话等内容。业务审核资料才需要填写公司名称、地址、网站以及负责人信息,同时还要上传营业执照、组织机构代码、税务登记证的电子版。财务审核资料则需要填写公司的对公账号,并上传加盖公司公章的银行账户证明函的电子版。

填写完所有材料后需要等待微信审核,一般审核期是 7 个工作日。

微信支付的交易费率是 0.6%,这是低于支付宝的,而且微信目前已经取消了开通微信支付需要缴纳 2 万元保证金的制度,进一步降低了开通微信支付的资金门槛。所以,广大有营业执照的公司或商户如果要开设微店,可以考虑开通微信支付服务来优化交易环节。

6. 微信收款

第三方微店 App 目前并不支持微信支付，但是它们也有一个独有的功能，那就是微信收款，让微店交易的收款、付款环节更加便利。

微信收款要如何操作？首先打开微店 App，进入注册的微店中，其中有一个专门的功能选项就是微信收款（如图 5－2 所示）。点击进入后即出现一个输入框，让你输入实际的收款金额。填写完收款金额后，一条微信收款信息就创建完成了，这时，卖家可以通过微信或短信两种方式将该信息发给买家发起收款。

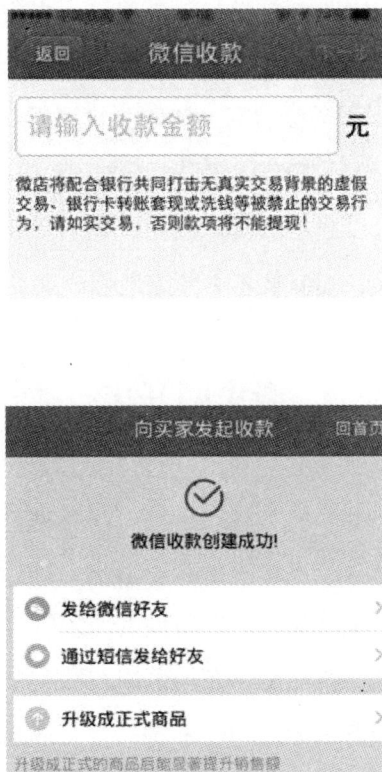

图 5－2　微信收款

此时，买家就会收到付款链接，只要点击链接即可进入付款界面，按要求输入收件地址、联系方式等内容后，按结算后选择支付方式，可以选择微信支付、信用卡、银行卡、支付宝等多种支付方式，填写完账号、密码后点击"确认"即可完成付款。

在买家付款完毕后，卖家也会收到信息通知，提醒卖家及时发货。如果卖家的微店仍未绑定银行卡，信息同时会提醒卖家尽快绑定银行卡以便在买家确认收货后收到货款。

微信收款给微店的买卖双方都带去了很多便利。例如，有些时候，卖家新进了一批货，暂时没有时间拍照片上架，就先在微信朋友圈中分享了信息，而有些微信好友看到后可能现在就想买但是却不能拍货。此时，买卖双方就可以先在微信中交流，协商好价格后，再由卖家发起相应的微信收款信息，买家就可以在不拍货的前提下预先付款购物了。

微信 App 目前还不支持像淘宝一样的改价功能，所以，当卖家想向特定买家提供优惠时就会特别麻烦。但是，微信收款功能解决了这一麻烦，具体的商品价格双方可以通过协商来确定，然后等待卖家发起微信收款后买家再付款。如此一来，卖家便不必频繁地修改商品价格了。

微店网开店

微店网是一个新兴的电商平台，也是一种全新的微店经营模式。

微店网的经营模式，是云销售模式。何谓云销售？就是先将各个供应商的货物全部集中到云端产品库，然后再由广大微店店主进行分销。

无论是实体店还是传统网店，在经营中往往都是"单打独斗"，进货、管理、推广、售后，经营中的一切环节都需要店主独力承担和完成，难度可想而知。许多经营者要经过多年的学习，或是经历数次的失败才能积累到足够的知识和经验，成为一名合格的店主。但是微店网采用的是"云端产品库 + 微店分销"的模式，将货源和推广进行明确分工，降低经营难度和风险。

微店网模式究竟有哪些优势？如何在微店网开店？又如何在微店网赚钱？本节就带你全面认识微店网。

1. 如何注册微店号

同其他微店形式一样，在微店网开店，需要先注册一个专用的微店号。

首先，微店创业者可以在网页上直接搜索微店网，或者在地址栏输入http：//www. okwei. com/，进入微店网的首页。在首页右上方及中间位置，有"马上开微店""5 秒开微店"两个选项，点击任意一个后都可进入注册界面。

目前微店网已经与腾讯和百度全面合作，在注册界面左侧提供了三种快速注册方式，即使用 QQ 账号登录、微信登录以及百度登录（如图 5 – 3 所示）。只要你拥有 QQ 号、微信号、百度账号中任何一个账号，都可以通过登录该账号并向微店网授权实现注册。不过，无论哪一种登录方式，在授权后都需要填写手机号码通过认证后才能完成注册。

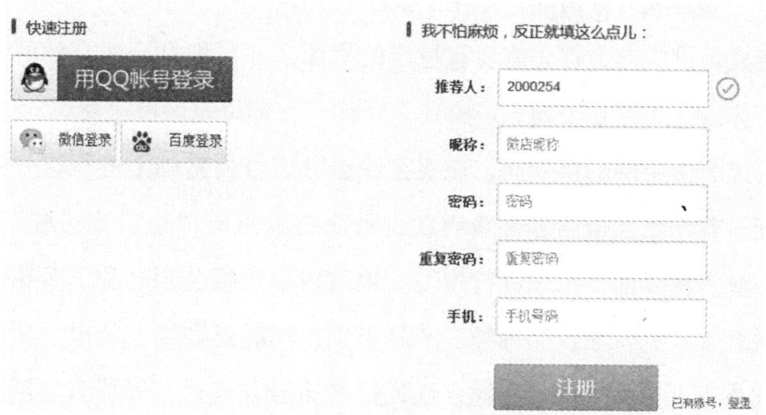

图 5 – 3　微店网微店号注册方式

如果不想使用这种快速注册方式，也可以选择注册界面右侧的传统注册方式。其中第一个必填选项是推荐人的微店号，这是微店网的独特运营方式，每一个在微店网注册的人都必须有一个推荐人，填写推荐人微店号后你就成为了推荐人的分销商，他会享受一部分你的佣金分成，而你也可以从他那里学习一些微店网的经营知识。

如果你认识的人中没有在微店网开店的，找不到推荐人怎么办？微店创业者也可以搜索微店网官方认证员的微店号，将其作为推荐人，而且还可以获取更权威的官方指导。

接下来，填写微店昵称、密码及手机号后点击下方的"注册"按钮即可完成注册。此时，会弹出一个界面显示你的微店网址、微店号及密码，并提醒你牢记。也可以点击下方的"保存到电脑"将注册信息直接存入电脑中。

登录刚刚注册的微店号后即可进入后台，在这里我们可以完善自己的个人资料，并进行订单查询、货款查询等在后续经营中经常使用的操作。

2. 有货源、无货源均可开店

微店网的创业方向分为两大类，一类是成为供应商，专注于提供商品；另一类是成为分销商，专注于推广。

想成为供应商，首先需要有稳定的货源，并且拥有合法有效的营业执照和实体店，无论是公司、厂家还是个体户，都可以做供应商。

要成为微店网的供应商，还要在注册微店号的基础上进行进一步的企业认证。首先登录微店号，然后点击页面右上角的"供应商进驻"，就会出现企业资料界面要求你进行填写。填写内容包括公司名称、负责人、地址、联系方式、营业执照编号、产品类别，同时还需要上传电子版的营业执照和负责人身份证。最后输入认证员微店号并确认，等待微店网的官方认证通过。

成为供应商后，就可以在后台进入"我的供应"进行商品上传了。每上传一种商品，不仅要填写名称、资料、价格，还要设置推广佣金，同时，还要等待微店网的官方审核，只有通过审核的商品才能顺利发布出去。另外，还要填写好客服 QQ 和供应商地址，方便客户沟通交流以及退换货。

如果是普通网友，没有货源，那么能不能在微店网开店呢？可以！微店网最大的特色就是能帮助众多没有货源的创业者实现开店的梦想。只要注册了微店号，就成为了微店网上的一个分销商，就可以代理商品。而且，不是某个品牌、某个厂家的分销商，而是整个微店网云端产品库的分销商。你可以浏览整个微店网商城，寻找需要的产品添加到自己的微店中，然后通过推广自己的微店让消费者购买店内的商品。

微店网模式的出现，彻底颠覆了"没货源无法开店"的传统经营思想，解决了广大创业者的一大难题。微店网开店，你不需要再去满世界地寻找货源，和众多批发商或供应商联系、谈判、讨价还价，你要做的仅仅是进入微店网平台，去寻找浏览产品库中的商品，看见满意的商品就"复制粘贴"，如此简单便能完成"进货"。

3. 如何帮助供应商卖出商品

作为有货源的供应商，为何要选择微店网这个全新的平台进行推广呢？传统的供应商，尤其是拥有第一手货源的厂家，往往更习惯与大批发商合作，进行大批量的销售。但是在网络购物普及的当今，仅靠传统渠道已经难以满足厂家的出货需求了。大多数厂家自身销售能力有限，兼顾生产和销售会加大投入成本，也会增加经营风险。微店网的出现，彻底改变了这种局面，供应商只需付出极小的代价便可以让产品在全国范围内推广。

只要供应商进驻了网店，上传了商品，那么商品就会出现在微店网云端产品库中，所有的微店网店主都能看到供应商的商品，而且可以进行推广销售。当然，推广需要支付一定的佣金，但是佣金只有当产品卖出去后才会产生，所以供应商不必担心会有无偿的投入。而且，供应商拥有自己商品的佣金数额设定权，可以根据不同商品的利润空间设定佣金数额，以保证自身的销售利润率。

微店网的发展速度十分迅猛,据统计,已有 813 万网民在微店网开了微店,而且至今还保持着每天新增 3 万家微店的增长速度。所有的微店网店主都是你的潜在分销商,他们遍布全国各个城市,帮你销售商品。只有成交后供应商才需要支付报酬,期间不再需要支付其他任何合作费用。

供应商擅长货源的整合,但对推广销售往往不太擅长。再加上如今销售渠道和规模越来越细分化、碎片化,导致推广的成本越来越高。而微店网模式,将供应商从推广工作中解放出来,供应商只需从产品利润中提出一小部分,即可获取千千万万个分销商。

4. 供应商信息双通道传播

微店网之所以能帮助供应商有效地增加销量,关键在于微店网模式能够进行供应商商品信息的双通道传播。

(1)横向通道

横向通道主要是进行信息的广度传播。所有推广供应商的微店,都是供应商的直接分销商,它们处于同一级别,没有高低之分,消费者可以在任何进行推广的微店中找到供应商的商品(如图 5-4 所示)。

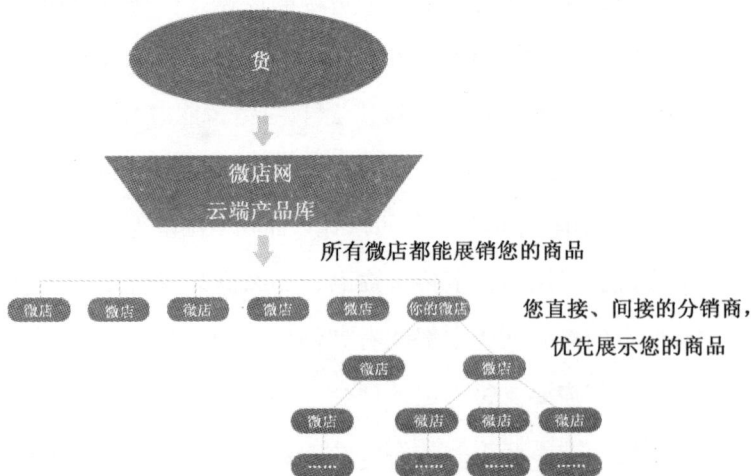

图 5-4　所有微店都能展销您的商品

传统的分销商模式，往往只能帮助供应商的商品在某个特定区域内进行传播和推广。想要进行更大范围的推广，还需要供应商在相应区域内再去寻找新的分销商。但微店网分销模式则不同，这些微店分布在全国各个区域、各个城市，只要供应商的商品有足够的魅力，就能够吸引众多微店店主在全国范围内传播推广。

（2）纵向通道

纵向通道主要是进行信息的深度传播。供应商的商品，除了能在所有微店进行展示外，在自己分销体系内的微店上还会优先展示。建立自己的分销体系并不难，只要你介绍或推荐他人开微店，这个人就成了你的直接分销商，而该微店店主发展的新微店则是你的间接分销商，他们全都位于你的分销体系内，你的商品在这些微店内都会得到优先展示的权利。

传统的网店，为了能让自己的商品位置排到前面，往往需要付出大量的资金，或者是辛辛苦苦地刷信誉、刷销量。而微店网上就不需要这么大的投入，只要花费一点时间，成为有意向开微店的店主的推荐人便可以了。而且这种关系是永久绑定的，后续也不需要任何投入，同时，随着直接分销商不断发展间接分销商，这种关系还可以累积、持续、扩展。

5. 微店收入的两大来源

微店网开店，不需要资金投入，不需要进货，不需要库存，不需要承担任何风险。看上去完美无缺，也难怪会有人感到困惑："真有天上掉馅饼的好事？微店网真的能赚钱吗？"微店网模式并非"空手套白狼"，而是将商业运营中的各个环节完全分离，从而降低了开店的难度和风险。微店网开店也需要投入，只不过投入的是推广的时间和精力。

在微店网开店，经营收入主要来自两个方面。

（1）推广商品，赚取佣金

微店网的宣传口号就是"卖别人的产品，赚自己的佣金"。作为分销商的微店网店主，收入的主要来源不是商品的利润，而是商品的推广佣金。

微店网中的每一件商品，都有供应商设置的佣金，只要消费者在你的微店中下单，并且最终完成交易，那么你就能在买家付款的同时获取相应的佣金，期间不需要任何操作。但是，微店网店主每卖出一件商品，所能获得的佣金只是佣金总额的70%，另外30%则是发放给身为推荐人的微店店主作为提成。

（2）介绍分销商，获得奖励

既然做推荐人也能获取佣金，那么我们也可以通过介绍他人加入微店网平台，发展直接分销商，从而获得奖励。做推荐人，是每一个微店网店主都具备的权利。

只要有新的微店店主在注册时，在推荐人一栏填写了我们的微店号，那么对方就成了我们的分销商，他卖出去的所有商品，我们都能获得30%的佣金提成。发展的分销商越多，所能获取的收益就越可观。而且这种关系是永久绑定的，分销商卖得越多，我们的收益也就越多。

了解了微店网的赢利模式，便少了许多担忧和疑虑。所有的微店店主的收入来源归根结底都是供应商提供的商品佣金，只要成交就会产生佣金，这些利润都是实实在在存在的，而非凭空出现的。每一笔交易成交后，产品佣金都会按照70%和30%的比例分别发放给直接推广的微店网店主以及作为其推荐人的微店网店主。

所以，微店网确实风险很小，但是也绝非像许多人想象的那样，可以轻轻松松地赚大钱、发大财。

6. 开微店三大优势

微店网平台，采用一种全新的电商模式吸引了无数人的注目和参与。之所以有如此迅速的传播速度，可不仅仅只是因为微店网足够新颖，关键还在于其有着传统电商完全无法模仿和替代的三大优势。

（1）零成本，货源好

微店网开店，不收取任何直接或间接的费用，也不需要缴纳保证金，甚至不需要进货费用和资金周转，是真正的零成本开店。

微店网开店同时解决了货源问题，店主不必再为找不到货源、进到假货、商品滞销而忧心。每一个微店网店主都拥有整个云端产品库的销售权，所有商品都是厂家货源，经过了认证审核，质量和价格都有保证。

（2）经营简单，不必凡事亲力亲为

微店网开店经营非常简单，即使是完全没有从商经验的人也能很快轻松上手。微店网经营不需要店主真正进货，只需要通过自己的微店进行产品推广，促使买家下单，备货、发货、售后等一切事项都由供应商全程负责，你只需要坐等销售佣金到账。

微店网开店没有时间、地点的限制，只要有网络，你就可以通过电脑端或手机端随时打理店铺，进行推广，和客户交流，促成交易。传统网店需要经营者进货、拍照、写商品介绍，客户下单后要联系快递公司发货，客户收到货物后还要处理售后事宜，有时全职投入都忙不过来，而微店网开店相比工作量就小多了，每天用少量时间即可兼顾。

（3）启动快速，开店门槛低

微店网开店的门槛极低，不仅不需要资金投入，必备的工具也仅仅需要一台电脑或一部智能手机，以及一个网络环境。通过电脑端或手机端打开微店网平台，只需短短几十秒即可完成注册，免费获得一个微店网店面，即刻便能开始经营。

7. 微店交易三大保障

安全问题是每一位网络购物的消费者最担心的，无论是产品质量还是交易，一旦出现了问题，不仅会让消费者受到直接的经济损失，也会严重破坏其良好的购物心情，让消费者对整个平台的商家产生不信任。

在微店网上，对安全的担忧不止局限于消费者心中，微店网分销商也会有同样的担忧。微店网分销商和供应商只是通过微店网平台完成对接，很多时候，双方都没有直接的交流。而且产品的准备、发货都由供应商一手操作，许多微店网分销商甚至自己都没有见过产品实物。和自己亲自进货相比，这种经营方式显然会让分销商心里没底。虽然产品的售后也是由供应商来负责，但是产品出现问题后无疑会对分销商的信誉造成不良影响，不利于长久地经营。

以上这些担忧，是每一位消费者和微店网分销商都可能会产生的。针对这种情况，微店网通过技术和制度手段，从三个方面承诺交易安全，打消消费者和分销商的疑虑。

（1）产品质量保障

微店网严格审核了每个供应商的资质，确认了每个供应商的真实性，并收取了相应的保证金。并且供应商发布的每一件商品都经过了微店网的审核，确保产品没有质量问题，不仅让客户买得放心，也能让微店网分销商卖得放心。

（2）交易安全保障

微店网支持担保交易，消费者在购物时所付的费用只是暂存在第三方机构中，当消费者验货并选择确认收货后，相关款项才会发放到供应商账户上。并且，微店网上的商品支持 7 天包退，15 天包换。所以，微店网的交易安全性和淘宝相比并无二致，是绝对值得信赖的。

（3）全方位监督保障

微店网上每天更新的大量商品都会经过微店网的审核，所以消费者和分销商不必担忧供应商以高质量商品吸引客户后就开始以次充好。买家下单后，由微店网监督供应商尽快发货，不必担心需要很长时间才能收到货。买家发现货物有问题时，可以通过相应供应商的客服 QQ 与厂家取得联络，商谈退换货事宜，如果供应商态度不好或是态度敷衍，可以向微店网官方投诉请求处理。

微店网官方对各个方面的监督，确保售前、售中、售后的各个环节不会出现疏漏和差错，即便是出现了问题，消费者也可以通过相关渠道保障自身的合法权益不受损害。

8. 六大支持轻松上路

除去安全上的保障外，微店网官方还提供了六大支持要素，帮助每一位店主的微店都能更好更快地发展。

（1）供应商认证和审核

我们在自己寻找货源时，往往需要动用一切手段和途径，去收集供应商的信息，以确保供应商是有信誉的，产品是值得信赖的。

但在微店网开店，我们便不用这样"担惊受怕"，微店网会对所有申请入驻的供应商进行认证和审核，确保供应商的真实性、可靠性。利用平台进行审核，要远比我们四处收集信息更有效率。

（2）产品更新和发布

不光供应商需要通过微店网的审核，供应商发布和更新的每一件商品都需要通过微店网的审核，以保证微店网上不会出现违法违规的商品，或者是虚假宣传、有严重安全隐患的商品。这不仅是在保护消费者的权益，也是在保护微店网分销商的权益。对于微店网云端产品库的所有商品，微店网店主都可以放心选择，放心推广。

（3）发货和售后监督

微店网店主只负责推广，发货和售后事宜全部由供应商负责。微店网店主难免会产生担忧，供应商忘记发货或延迟发货怎么办？售后态度不好怎么办？虽然这些并不是和自己直接有关，但出了问题毫无疑问会损害自身的信誉。

在微店网中所有供应商都处在严密的监督之下，发货、售后各环节都由微店网进行督促，不需要微店网店主为此担忧和操心。

（4）网站建设和维护

网站是电子商务的基础工具之一，商家的店铺设计、准备、推广，消费者购物、付款，一切网络交易活动都要以网站为依托。如果网站本身的水平较低，界面混乱且时不时出现网站崩溃现象或访问瘫痪，无疑会大大降低消费者的购物体验，也会给众多网店店主的经营造成影响。

微店网同淘宝网、京东等大型电商平台一样，网站的建设和维护也是由专业的技术团队来负责，而且微店网在不断升级服务器，提高服务器的承载能力，以保证能满足处于高速增长态势的微店网用户。

（5）品牌宣传和推广

平台的品牌效应对于入驻商家的利益有着直接的影响，只有平台本身做大做强了，才会有更多的消费者愿意选择该平台购物，平台中的商家才能有更多的客源、有更好的销售业绩。

在阿里巴巴和淘宝建立之初，也是很"低调"的，远没有如今的"盛世"景象，后来，经过多年的经营推广，平台做大了，品牌做强了，引来了越来越多的商家及消费者参与其中，最终造就了如今"全民网购"的热潮。

微店网在诞生之初，就可以说是站在巨人的肩膀上，因为人们对于电商已经有较强的接受能力。凭借自身的特色，以及官方对于品牌不遗余力地宣传推广，相信微店网能以惊人的速度普及开来。

（6）完善的分销商体系管理

微店网的分销商体系是扁平化的，每一个微店网分销商都能和供应商取得联系。虽然每一个微店网店主都能通过成为推荐人来发展分销商，从而获取一定比例的销售佣金，但是这种关系更多的是一种互利互助关系，而非上下级关系。

每一位分销商只和作为推荐人的分销商有利益分配关系，因此不会受到层层的利益盘剥。所有分销商都只能获得推广佣金的70%，同时获得推荐分销商佣金的30%，这一点是完全平等一致的。

9. 微店分销、传统代理与直销

微店分销与传统代理以及直销相比，有哪些不同之处，又具备哪些优势，通过对比，能让我们对微店分销模式有一个更清晰的认识。

（1）货源

微店网分销商拥有整个云端产品库所有商品的销售权，而且所有的商品都是厂家或批发商直接供货，微店网官方进行审核，商品的质量和价格都有保证。

传统代理往往只能代理某一个品牌或厂家的商品，和微店网的云端产品库相比，种类自然要少许多，客户的选择也会相应减少。

同样，直销模式也存在商品种类单一的问题。而且，很多知名度不高的直销商品，质量参差不齐，没有一个权威机构予以审核保障。

（2）成本

微店分销是真正的零成本零投入，不需要启动资金，也不需要任何后续的追加投入。而且微店网对于分销商没有设置任何收费项目，每一位微店网分销商都是完全平等的关系，都能享受到微店网同样的功能和服务。

传统代理需要有很成熟的实体销售渠道支撑，否则无法很好地运作。可成熟的实体销售渠道并不是凭空出现的，要靠代理商长期的经营，在这个过程中免不了时间和资金的投入。

直销则需要参与者先掏一笔资金购买产品，如果产品单价较高，购买产品也是一笔不小的投入。

（3）销售模式

微店分销模式是扁平化的，所有分销商都可以和供货商直接相连，同时所有分销商的地位都是平等的，从同一件商品中获取的收益也是完全相同的。

传统代理模式则是直线形的，省级代理、市级代理、县级代理……每一级代理商都要获取一定的利润，层层盘剥，最终导致产品价格虚高，处于末端的代理商利润空间也极其有限。

直销模式则是金字塔形的，每一级别的代理商都要先掏钱购买产品，而且代理级别可以无限制地延伸，最终导致产品价格远远高于实际价值，根本没有多少消费者愿意购买，直销的参与者反而变成了最终的消费者。

（4）风险

微店分销不需要进货、发货，一切都由供应商代劳，因此不仅没有成本，也没有任何库存风险。微店网分销商要做的只有一件事，那就是推广、销售，从中赚取佣金。

传统代理有着较高的库存风险，因为作为代理商，你不可能等到客户下单后才去找厂家要货，一般都需要提前进货，而且一次进货的数量不会少。一旦销售环节出现问题，就会导致产品积压。市场的变化速度总是出乎人们的想象，今天还热销的商品可能到了明天就无人问津。比如诺基亚和摩托罗拉的代理商，在品牌迅速没落后只能对着积压的产品欲哭无泪。

直销模式在诞生之初本是一种很好的销售模式，但是随着不断发展，弊端也日益显现。直销的代理没有级别限制，每一级都能发展下线获得提成，最终导致直销金字塔越堆越高。每一级代理商都在产品原有基础上加价，导致产品的价格完全脱离了市场规律，这样的产品，你认为消费者愿意购买吗？这样的销售模式风险会小吗？

所以，和传统代理与直销相比，微店分销投入小、风险小、操作简单，更加适合缺乏经验的经营新手学习实践（如图5-5所示）。

	微店分销	传统代理	直销
货源	拥有所有商品的销售权	种类少许多客户选择少	质量参差不齐没有审核保障
成本	零成本零投入	需要长时间和资金的投入	需要预先投入资金购买产品
销售模式	扁平化	直线形	金字塔形
风险	没有库存风险	有较高的库存风险	脱离市场规律风险高

图5-5 微店分销、传统代理与直销

拥有自己的微店

微店在刚刚开通时，只相当于一个空壳。所有店铺全部是千篇一律，看起来没有任何区别，没有自己的"个性"，这样的店铺显然是不适合用来推广的。所以，我们在开通微店后首先要做的，就是通过微店的各项设置，把微店打上经营方向和内容的烙印，赋予微店独一无二的特色和功能，让其真正成为自己的微店，为自己接下来的经营活动服务。

1. 如何给微店起个好名字

店铺的名字是店铺的招牌，是店铺的形象，其重要性不用赘述。每一个开店的店主，无论是实体店还是网店，都会绞尽脑汁为自己的店铺起一个响亮的名字。

微店起名可以根据经营者的喜好、想象任意选取，金元宝微店的店名被限制在9个字符，而口袋购物微店的店名则没有字数限制，无论微店店名是长是短，在起名时最好坚持以下三个原则。

第一，微店名称尽量不要重名。有许多微店创业者由于想不到响亮的名字，就直接抄袭一些知名微店或网店的店名，这种做法是不值得推荐的。借用知名店铺的店名虽然能让你的微店看起来有吸引力，但是一旦让消费者发现你的微店只是"山寨货"，就会迅速降低他们对你的店铺的好感。尤其在这个崇尚创新的年代，缺乏创造力的行为不可能让消费者有认同感。

第二，要有自己的特点、特色。微店名称一定要有自己的特点和特色，一定要包含经营者的想法、创意。有创意的店名才能让消费者感觉与众不同，有含义的店名才能让消费者印象深刻。

第三，要容易记忆。容易记忆也是一个重要的参考要素，一般微店名称最好在6个字以内，或者由两个简单的词组构成，避免意义不明的缩写，或是一些读起来十分拗口的店名。微店店名容易记忆，消费者才能更好地帮你传播。

明确了取名原则后，店主可以用以下方法为微店想一个好名字（如图5-6所示）。

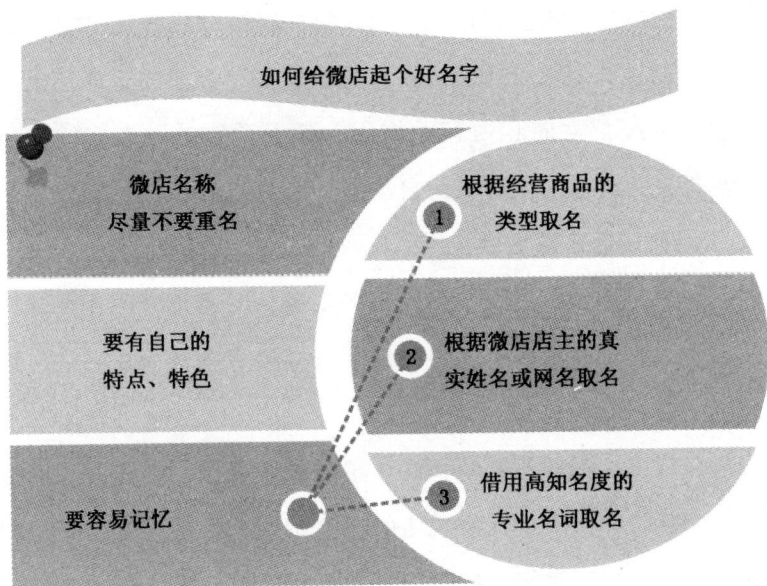

图 5-6　如何给微店起个好名字

（1）根据经营商品的类型取名

这种命名方法就是将店名和商品类型结合起来，再通过增添意象进行艺术性修饰，既能够让消费者看到店名就很容易得知微店中卖的是什么商品，而且看起来也比较吸引人。

例如，水晶之恋，一看就知道是销售水晶饰品的。再如，数码港湾，一看就知道是卖数码产品的。

（2）根据微店店主的真实姓名或网名取名

微店主要是在微信朋友圈内经营的店铺，因此借用经营者自己的姓名或网名为微店命名，能够让微信朋友圈一看到店名就知道这是你开的微店，这是一种能够吸引朋友圈客户光顾的命名方法。

例如，你的微信名叫娜娜，就可以把店铺取名为"娜娜小店"，也可以跟经营商品相结合，比如你的微店是经营鞋子，就可以取名为"娜娜鞋店"。

（3）借用高知名度的专业名词取名

这是一种借势的命名方式，通过借用知名度高的人物、地点、事件、传说等来为微店命名，不仅看起来醒目，而且能让微店店名具备文化气息。例如，藏经阁书屋、潘多拉的化妆盒等，既容易记忆又很有特点。

以上只是提供了几种微店命名的思路，广大微店店主可以举一反三，充分发挥自己的知识和想象力，想出别具一格的微店店名。

另外，在给微店起名时一定要注意以下几个关键点。

①微店名称要尽量简短，避免生僻字、繁杂字，店名念起来要朗朗上口，这样才比较容易让人记住。

②微店取名要新颖，不落俗套，但是不能单纯为追求新颖就取一些含义不明了的名字，这样不利于记忆和传播。

③不要取含义低俗或带有低俗字眼的名字，以免引起反感。

④不要完全使用字母和数字的组合，这样无法清晰地表达店铺名称想要传达的内容。

⑤不要违反相关的法律或规则，特别是在未经授权，不具备资质的情况下，不要使用著名企业名称、知名品牌、人名、注册商标等。例如，"授权店铺""官方店铺""旗舰店""总代理""专卖店"等，这种类型的店名要慎用。

⑥微店店名要避免政治敏感文字、词语，比如国家领导人姓名、政党名称等。

⑦微店店名要避免使用国家及政府禁止和打压的事物或行为词汇，以及一些不符合大众价值观和道德观的事物或行为词汇。

遵照上述的方法和原则，相信每一位经营者都能根据自己微店的实际特点为微店取一个有吸引力的好名字。

2. 如何写好店铺公告

店铺公告对于微店来说很重要，因为这是买家进入微店后第一眼就会看到的内容，所以店铺公告是一个绝佳的信息展示场所。口袋购物微店和金元宝微店的店铺公告相同，限定在50个字以内，如何利用这50个字数的空间进行微店的简介或是重要信息的传递，是每一个微店店主必须学习掌握的。

微店店铺公告从内容和功能来看，大致可以分为三大类，第一类是设计成店铺简介，第二类是设计成广告形式，第三类是设计成信息宣传栏。

（1）简介式的店铺公告

这种形式的店铺公告最为简单，多是对店铺、经营商品种类、经营理念和宗旨等进行扩充说明，让进入微店的消费者能对微店有一个基础、全面的第一印象。

编写简介式的店铺公告一定要注重条理性，店铺介绍、商品类型介绍、服务介绍等，一条一条描述，不要多种内容混杂。介绍语言要简单明了，让消费者能一眼就抓住关键词，了解公告内容。

（2）广告式的店铺公告

这种形式的店铺公告就是为微店打广告，让买家心动，从而提高买家购买欲。

广告的形式和内容不能太过复杂，无论内容长短，都要清晰地将商品、服务或微店的理念、特点、优势等传递给买家，让他们简单浏览完后就能抓住重点，理解商家想要表达的内容，这是最重要的原则。

为了让广告取得最佳的受众效果，微店店主应该先对目标客户群做一个调查研究，了解他们对哪些内容感兴趣，对哪种形式的广告感兴趣，根据客户的"口味"制作广告，才能更好地吸引客户的目光。同时，广告内容还要具备自己的创意和特色，以区别于其他卖家的广告，给消费者留下一个深刻的印象。

除了要迎合客户群的"口味"，广告内容还应与店铺形象相符，与经营的商品类型相联系，从而强化微店在消费者心目中的地位。另外，目前通过微店购物的大多是年轻人，他们追求新颖、接受能力强，更愿意看到一些趣味性、耐人寻味、可以挖掘潜在信息的广告。因此，微店店主要将广告设计得新奇有趣且有深度。

（3）信息宣传栏式的店铺公告

这种形式的店铺公告主要是用来进行实时信息发布，将微店最崭新的一面始终展现给消费者。发布的信息可以是促销活动内容、店铺的最新变化或者是其他一些信息。

促销活动信息包括开店纪念日优惠、节日特惠、限时折扣等，只要卖家正在做促销或者准备做促销，都可以将这些信息简洁地写入店铺公告中，进入店铺的买家一眼就可以看到正在进行或即将进行的优惠活动。

店铺的最新变化包括商品结构调整、新品到货、旧品下架、运费调整等内容，在微店经营中，总会有一些大方向或是小细节的变化，将这些变化通过店铺公告及时告知消费者，既可以第一时间吸引有兴趣的消费者，也可以免去一些沟通、解释的工作。

除了以上两大类信息外，还可以在没有促销活动或店铺变化信息的时候，发布一些欢迎词、宣传语等，可以根据天气、心情、事件等每隔一段时间就变更一次，让消费者始终保持新鲜感。

3. 如何写好店铺介绍

店铺公告由于字数限制，不可能叙述太过详细，当我们通过其他宣传途径推广自己的微店时，就需要我们撰写更加详细的店铺介绍。

店铺介绍并没有固定的格式或标准，每位微店店主都可以根据自己的喜好、目的、水平来设计店铺介绍。店铺介绍最基本的作用就是让消费者了解微店的经营现状、经营内容、经营特点以及店主的联系方式等，无论店铺介绍采用哪种形式，都最好涵盖以上几个要点。

店铺介绍的作用，简单来说就是吸引客户、留住客户。在这个信息泛滥的时代，每个人都会被铺天盖地的信息搅得头昏脑涨。在网上购物时也是一样，各种各样的网店遍布网络平台，有些网店从外面看根本看不出经营哪些商品，而一家家点进去看又太过浪费时间，店铺介绍正好弥补了这一缺陷，其旨在让消费者能提前对店铺有一个较为全面的了解，然后根据自己的需要和喜好选择相应的店铺进行购物。

店铺介绍应该如何写？其实，将网上的各种店铺介绍总结归类，不外乎以下几种。

（1）简洁型店铺介绍

简洁型店铺介绍跟店铺公告类似，语言尽可能简短明确，但是在微店的介绍上可以更加全面一些。微店的名称、经营种类、经营特点、经营现状等都可以在介绍中进行说明，但每一种点到为止即可，不需要深入地解释。

（2）详细型店铺介绍

详细型店铺介绍不仅仅只是介绍店铺的资料和信息，也可以对某些代表性商品进行展示。例如，某些店铺介绍就会详细介绍某件热销商品或爆款商品，并进行解释，说明为什么这件商品那么受欢迎。这种类型的店铺介绍可以让消费者对某件商品留下深刻的印象，极大地刺激消费者的购物欲，从而增加访问量和成交量。

（3）促销型店铺介绍

促销型店铺介绍就是以促销活动或是优惠内容作为切入点，再将各项微店信息展示给消费者。例如，以"全场包邮""买5送1""全场8折"等促销信息作为开头，然后接下来再介绍店铺和商品的基本信息。在信息内容上，最好也把握住促销活动或价格优势进行介绍宣传。促销型店铺介绍最能抓住消费者的目光，因为人们对价格总是比较关注的，以促销为基础进行店铺介绍，能够有效地带来微店流量。

（4）独特型店铺介绍

独特型店铺介绍就是不通过直接的诉说，而是用间接的表达来传递相应的信息。这种店铺介绍可能会有一些和店铺或商品没有直接关系的内容，通过讲故事、提问等方式，引发消费者的兴趣，或是向消费者传递自己的经营理念、店铺的优势等信息。独特型店铺介绍最有新意，创造空间也最大，但是想要达到吸引消费者注意的效果也很有难度。

当然，店铺介绍很多时候无法进行准确的分类，微店店主在写店铺介绍时，也不一定要严格按照以上几种类型死板地去写，也可以以某种类型为主，夹杂其他类型的表现方式，或者以其他内容为切入点设计店铺介绍内容。只要明确了向他人介绍和推广自己的微店这个目的，经营者可以任意发挥创造力，撰写属于自己的独一无二的店铺介绍。

4. 如何设置微店二级域名

开过网店或是经常在网上购物的人一定都了解个性化二级域名的重要性，开设一个新的网店，网店的网址往往非常长且杂乱无章，毫无规律可循，根本无法简单记住。而个性化二级域名可以根据自己的喜好任意设定，既能够有效缩短网址长度，又能让网址更加容易记住。

个性化二级域名，相当于给我们的网店又新增了一个便于打开的小门，为消费者增加了一个访问网店的途径。

目前，口袋购物微店尚不支持设置个性化二级域名，只有通过金元宝微店来完成。想要设置个性化二级域名，必须使用金元宝微店的电脑端口，首先进入金元宝微店平台，选择第一项"店铺概览"，在右侧的显示界面中即可看到我们现在的微店网址，点击"设置个性化域名"会弹出一个对话框，要求填写要设置的域名。域名可以设置字母、数字、下划线或三者的组合，但是设置前需要认真思考，因为设置域名的机会只有一次，一旦确认后便不能更改。

一般情况下，为了宣传推广和方便记忆，微店域名都会设计成微店店名的汉语拼音或是首字母的缩写等，也可以设计成自己微信账户名的汉语拼音或是首字母缩写，可以让微信好友看到店铺地址就能知道这是你开设的微店（如图5-7所示）。

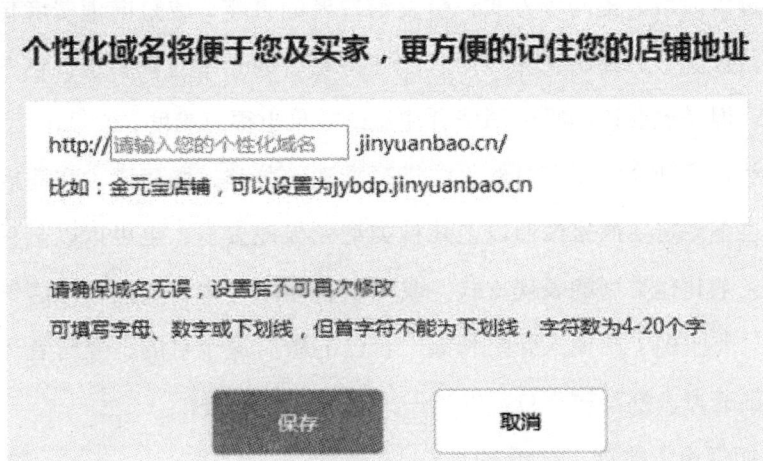

个性化域名将便于您及买家，更方便的记住您的店铺地址

http:// 请输入您的个性化域名 .jinyuanbao.cn/

比如：金元宝店铺，可以设置为jybdp.jinyuanbao.cn

请确保域名无误，设置后不可再次修改

可填写字母、数字或下划线，但首字符不能为下划线，字符数为4-20个字

保存   取消

图5-7　个性化域名图解

输入域名并确认无误后，点击"保存"即可完成个性化二级域名的设置。返回"店铺概览"界面，我们就会发现微店的网址已经变为了我们最新设置的网址。这时，我们可以在智能手机上输入刚刚设置的网址，如果顺利接入微店首页即说明二级域名设置成功了。

5. 如何修改店铺资料

在长期的经营中，自己的微店不可能一成不变。经营方向的变化、经营规模的变化、经营时期的变化都会对微店造成重大的影响。原有的店名、店铺公告可能都不再符合微店当前的经营现状了，这时就需要我们及时进行店铺资料的修改调整，避免微店名不副实。

店铺资料的修改，需要先进入店铺编辑界面。在微店的主界面选择

"我的微店"，在新界面中点击微店标志下方的"编辑"按钮，即可进入店铺编辑界面，在这里我们便可以根据现有的需要修改各项店铺资料了。

店铺资料的及时调整和更新是很重要的，微店经营中的小变化、新增了哪些商品类型、去除了哪些商品类型，都应该及时通过修改店铺资料让消费者直观地感受到这些变化。

不过，店铺资料不是可以盲目修改的。就拿店铺名称来说，名称是一个微店的招牌，是微店店主长期经营的一个形象，如果随意地换成一个新名字可能需要重新经营和推广，重新取得消费者的认可。微店名称的修改，最好保持原名称的主体，然后根据经营商品类型的变化进行微调。比如，你的微店本来只经营童装，名字叫"小张童装店"，后来，经营范围扩大了，其他类型的衣服也开始经营了，这时，你就可以将名字改为"小张服装店"，这样，你的微信好友看到后还是能够立刻知道这是你的微店。

6. 如何修改微店里微信号码

在微店里，我们可以预先留下自己经常使用的微信号码，让每一个浏览店铺的人都能得知本店的联系方式。

其实，无论是口袋购物微店还是金元宝微店，和微信都没有直接关系。所以，即便你没有微信号或微信公众号，也不会对微店的使用产生直接影响。但是，要想经营好微店，微信是一个很重要的工具。

我们在淘宝购物时，通常使用阿里旺旺与卖家取得联系，沟通交易的各项信息。但是，微店并没有这样一个专门的交流工具，如果买家，尤其是微信好友圈外的陌生买家想要买你微店中的商品，要如何与你取得联络呢？微信就是微店交易中买卖双方的最佳沟通工具，通过你事先在微店内预留的微信号，陌生买家也能够轻松与你取得联系。

之所以选择微信作为主要沟通工具，关键的一点在于微信的普及量大，是人们如今最经常使用的社交沟通软件。而且，在手机平台上，微信在交流的便捷程度上和使用的简易化程度上，有着显而易见的优势，因此对于主要通过手机平台完成交易活动的微店来说，选择微信交流是理所当然的。

此外，微信也是微店经营中的一项重要的宣传工具，所以每一位微店经营者最好都有自己的微信号。

在微店中预留微信号非常简单，首先打开口袋购物微店进入主界面，选择"我的微店"，点击店名下方的"编辑"按钮即可进入店铺设置界面，在店铺名称的下面，我们就能看到微信号输入栏，在其中输入我们经常使用的微信号即可。

其次，返回上一级界面，再点击微店标志进入预览店铺的界面，在店名的下面，看到我们刚刚输入的微信号就说明设置成功了。

如果出于经营目的或是其他原因更换了微信号，只要重复上述步骤，输入我们新使用的微信号即可。

发布商品

发布商品是经营微店时最频繁的操作，也是经营的一个重要环节。没有发布商品的微店，只是一个空空荡荡的门面，买家进入店铺看到的也仅仅是个空壳。

发布商品不仅是为了充实店铺，同时，也是展示商品的途径。在发布商品时，我们可以根据固定的模板对商品进行全方位的介绍，能够让浏览商品的客户清晰地看到商品的详细信息。如果仅靠我们在微信朋友圈中对商品进行口头介绍，不仅没有效率，而且也会看起来零散杂乱，让人摸不着头脑。所以，在微店中布置丰富的商品，描述详细的商品信息，是微店经营中重要的货物"上架"步骤。

1. 如何在微店添加商品

想要在微店中添加商品，首先登录微店，在主界面中打开"我的微店"，进入后点击右上角的"添加"按钮，就进入了商品具体信息的填写界面。

要成功添加商品信息，必须输入四项内容：商品图片；商品描述；商品价格；商品库存。除了四项必填内容外，还有一个选填内容，就是"添加型号"。

（1）商品图片

商品图片是微店中商品信息的最主要展示途径，是买家选购商品时最主要的关注内容。

在添加商品的界面第一栏点击大大的"＋"号即可开始上传商品图片。商品图片可以事先准备好存入手机中，然后直接在手机相册中选取，也可以即时地用手机拍照上传，十分方便。

微店中的一件商品最多可以上传9张图片，第一张图片是主图，可以直接显示在微店店铺中，买家进入你的微店中第一眼看到的就是这张图，所以主图的选择十分重要。一般来说，商品的主图需要显示商品的正面或侧正面，而且要展示商品的整体形象，可以让买家第一眼就把握住商品的外形和特点。

9张图片可以同时上传，卖家可以一次性选择完9张图片，然后点击右上角的"完成"即可。图片的排序和卖家的选择顺序有关，先选择哪张图片，该图片就排在前面。而且，上传完成后无法再次调整图片顺序，如果需要调整顺序，需要先删除相应图片，然后重新上传。

微店对于图片的大小、格式、尺寸都没有明确的限制，一般的图片都可以直接上传。

（2）商品描述

微店中的商品描述不像其他网店那样复杂，没有商品标题、商品参数、商品详情等具体分类，直接就是一整个填写框，点击一下即可输入文字。商品描述没有字数限制，但是一般而言微店中的商品不宜描述得太过琐碎。

商品描述的第一句话是非常重要的，一般内容在 20 个字之内，因为这句话和商品主图一样，是会在微店首页直接显示的。第一句介绍最好包括商品名称、商品主要特色或优势、是否包邮、相关优惠等买家最为关心的信息。

进行更详细的商品描述时，一个段落只说一个主题，而且每个段落都不要写太多字数，段落之间最好空一行，这样买家在用手机浏览时会轻松许多。

（3）商品价格

微店中的商品价格可以精确到小数点后两位，也就是可以精确到一分钱。

商品的定价是让卖家兴奋，同时也是让卖家头疼的事情。定价高了，没人愿意买；定价低了，利润太低，入不敷出，买家还有可能认为这是假货。

如果你经营的商品是市场上或者其他网店中能轻易买到的商品，那么建议以正规的网上商城做参照，比如淘宝、京东、亚马逊等，定价比它们便宜一点点，哪怕只是一角钱、一分钱。定价不需要便宜太多，一来我们不大可能拿到比这些网上商城便宜得多的货源，我们还需要赢利。二来到微店消费的大多是认识的朋友，只要你的商品价格和那些正规网上商城的差不多，他们也是会给你面子，到你店里消费的。绝大多数人都不可能会在乎那便宜的一分钱或一角钱，在微店购物，主要还是为了方便、放心，为了增进关系和友谊。

如果你的货源成本较高，那么当然不能硬着头皮非要把价格定得比正规网上商城低不可。毕竟开店赢利赚钱才是最重要的，否则也不能长久经营，赔本的生意任何人都不会愿意做。在这种情况下，我们可以在赢利的前提下尽量定一个低价，然后通过提升自身的服务水平或承诺，利用附加价值和朋友圈的关系吸引消费者。一边经营，一边寻找成本更低的优质货源，这才是重中之重。

如果你经营的商品属于"稀罕货"，可以将相似材料或功能的商品价格，或是其他地区的销售价格作为参考来定价，最好不要因为朋友圈需求量大或反响火爆就盲目地抬高价格。经营微店，"杀熟"的行为是最要不得的。

（4）商品库存

商品库存的填写，一般来说要求实事求是，根据卖家现存商品的数量如实填写。但是在实际经营中，除了一些极度难准备的商品，店主在设置库存数量时，最好要比实际库存多一点。比如，某个商品现在有 10 件，我们就在库存中填写 11 件或 12 件。而对于一些一次性销量比较大的商品，就根据平均销量上调库存。假如某商品买家通常会一次性购入 10 件或 20 件，那么当我们只有 100 件该商品时，就在库存中填写 120 件或 130 件。

之所以这样操作，主要原因是只要买家提交了订单，哪怕没有付款，库存也会相应地减少。比如，某商品只有 1 件库存，某买家拍下后提交了订单，然后由于某些原因付款失败，这时他就会想到将那件商品再次加入购物车购买，但是由于库存变为了 0，商品不再在首页中显示，他就找不到要拍的商品了，可实际上卖家还有 1 件库存。又或者买家还在犹豫是否购买，于是没有第一时间付款，但由于库存变为了 0，其他有意向的买家也无法在首页中看到该商品，可实际上商品还没卖出去，这就会造成卖家的损失。

（5）添加型号

添加型号是一项选填内容，是为一些有多种颜色、规格、尺码、型号的商品设计的。

最常见的就是服装、鞋子等，款式完全相同的服装或鞋子但是大小各有不同，如果全部作为单独的商品上传到微店，不仅麻烦，而且买家找起来也不方便，毕竟手机平台的信息显示量不像电脑端那样强大。再加上外形相似、价格相同，买家也很容易选择错误。而直接通过型号选择，买家就可以轻松地检查确认自己想要购买的商品型号，不易出错了。

对于一些外形相似、型号相近，但价格和功能截然不同的商品，最好直接作为不同的商品上传到微店中。比如手机和电脑等产品，两种型号相近的产品，可能只是某一型号的多了某项功能，或是加了一个摄像头，价格就贵了一些。由于这些型号普通买家很难分清楚，如果直接设计为同一商品的不同型号，买家就可能对价格产生一些误会，引来不必要的麻烦。

当完成以上所有步骤后，点击右上角的"完成"，商品就上传成功了。然后，返回"我的微店"首页，点击店铺图标进入"预览店铺"的界面，这就是买家进入微店首页中看到的效果，在店铺图标的下方就能看到我们刚刚上传的商品了。

2. 如何给微店商品添加分类

当我们的商品种类很多时，就需要对商品进行分类来方便进行商品管理工作。目前，在微店的手机平台尚不支持分类功能，想要对商品进行分类，则需要在电脑平台使用微店网页版来进行操作。

我们可以直接在电脑上搜索"微店网页版"或是在地址栏输入网址http：//v. vdian. com/打开网页，使用注册微店的手机号码和设置的密码即可登录。在欢迎界面有三大模块，即"我的微店""订单管理"和"卖家市场报名"，我们需要进入的是"我的微店"。

打开后在画面左侧有两个选项，即商品管理和分类管理。想要添加商品分类，首先选择"分类管理"，在右侧的界面中，点击"添加分类"即可新增分类模块，目前微店最大支持添加 7 个分类模块。在新增的分类模块的名称一栏输入我们要添加的分类名称，例如"服装""零食""玩具"等，可以根据商品种类进行填写。在排序一栏中输入数字，分类模块即会按照数字从小到大的顺序自上而下排列。输入完成后，点击"保存更改"

即可添加成功。

　　商品分类添加成功后，点击左侧的"商品管理"进入商品管理界面，在商品的上方点击"批量分类"，下拉菜单中即会显示我们添加过的分类，勾选所要添加的分类，然后再勾选相应的商品，点击"保存"，就可以完成批量商品的分类。

　　除了批量设置外，我们也可以对单个商品进行分类设置。进入商品管理界面后，针对想要添加分类的商品点击右侧的"编辑商品"，进入商品编辑界面，我们就可以在基本信息下面看到现有的所有分类模块，勾选商品对应的分类，点击下方的"提交"即可。

　　此外，卖家在利用网页版添加新的商品时，除了商品图片、商品描述、商品价格、商品库存四个选项外，也会直接出现已经添加过的商品分类，直接勾选对应分类即可在新增商品时就完成商品分类。

　　3. 如何在微店修改和删除商品

　　出于经营的需要，我们可能想要对现有商品信息进行修改，比如，商品描述和商品图片看起来不够吸引人，想要修改得更有吸引力一些。想要修改相应商品，可以进入"我的微店"界面，每一件商品的下方都有三个按钮，点击最左边的按钮即可进入"编辑商品"界面。如果想要修改商品图片，直接点击图片右上角小小的"×"号，删除图片后再重新上传新图片即可。想要修改商品描述，直接点击输入框删除原描述再输入要更换的新描述即可。

　　随着经营的进展，某些商品可能会永久性地下架，不再销售。此时可以在"编辑商品"界面的最下方找到"删除商品"选项，点击并确认后即可将该商品从微店中清除。

　　如果由于某些原因或事故使我们库存的商品出现了损失，从而导致该商品暂时处于缺货状态，建议不要直接删除这个商品，直接把商品库存改为 0 即可，表示该商品暂时下架。等到重新进货后，只需改一下商品库存即可重新上架销售，而不必再费时费力地再次上传图片、填写商品信息等。

4. 如何更改商品价格

在市场中，商品的价格总是不断变化的。商品的供求关系、新产品的出现、技术的进步、政策法规的影响等，都会导致商品价格产生一定的波动。作为经营者，受到的影响因素就更多了。比如，刚开始经营微店时，没有好的货源，为保证赢利，商品的售价自然就高。而随着经营的进展，可供选择的门路也越来越多，供应商也提供了更多的优惠，进货成本降下去了，商品售价自然就能定得低一些。

如果由于市场原因、货源原因等大趋势的变化，导致商品价格长期改变，我们可以直接进入商品编辑界面更改商品价格。

在商品价格变化后的一段时间，微店店主最好在店铺公告或者是相应商品的介绍栏中简要说明一些商品价格变动的原因。尤其是当商品涨价时，一定要诚恳地说明，征得买家的理解。

如果只是针对某一个买家需要暂时性地变更商品价格，最好能和买家提前商量好要支付的价格，然后利用微信收款功能直接向买家发起收款。因为微店并没有方便的改价功能，利用微信收款是目前最好的避免频繁更改商品价格的方法。

5. 如何优化商品详情页

为什么卖同样的商品，有的微店销量火爆，而有的微店就冷冷清清？其实很多时候，并非不同微店店主的推广力度和水平有差距，而是因为商品详情页不能让客户满意。

商品详情页是买家自主了解商品的最重要途径，其是否吸引人直接影响着买家的购买意愿。所以优化商品详情页，从视觉上抓住买家的心，是进行店铺推广之前必须做好的工作。

在学习如何优化商品详情页之前，我们先看一看做微店商品详情容易犯哪些错误，针对这些常见错误，对症下药提出正确的做法。

（1）图片过大

一些卖家在准备商品图片时没有注意，或者是为了让图片更清晰就将图片做得很大，有时一张图就高达两三 M 大小，这样一个商品详情页 9 张图下来就有 20～30M 大小，如果买家的网络环境不佳或手机性能不佳，打开商品页面时就会十分迟缓，这会严重破坏买家的购物体验。

由于微店中商品详情页的图片无法放大显示，所以我们没有必要追求图片的高分辨率和高清晰度，只要选择符合手机分辨率及尺寸的图片，就足够买家看清商品细节了。

（2）文字过小

由于微店无法在图片中夹杂文字，一些卖家为了对图片内容进行准确的描述，就想到直接将文字通过 PS 等图片编辑工具直接拼接到图片中去。但是由于这些工作通常是在电脑端完成的，卖家就会疏忽字体的大小问题，一些在电脑上能很清晰地看到文字的图片，可能转到手机端就什么都看不清。

所以，在制作图片的时候，字号一定要大，通常采用 22～24 号字就能够在大多数手机端上看清楚了。然后，需要搭配文字的图片，语言一定要简洁，最好是一两个词语或短语，不要出现长句，否则会影响图片美观。

（3）大量拼图

这也是做网店或是经常在网上购物的人常犯的错误，将几张小图片拼接成一张完整的大图，可以丰富商品的图片的表现形式，展示更多的信息，方便商品对比等，在电脑端，使用拼接图片自然无可厚非，但是在手机端这就是个漏洞百出的做法。本来就不大的手机屏幕，如果显示出拼图，会让每张小图片都无法看清，只会给买家造成困扰。

所以，在做微店商品详情页时，一定要单图切入，图片最好为竖长条形，更醒目，看起来也更方便。图片中商品主体最好充满整个画面，可以更清晰地展示商品。

（4）直接"盗"图

这是一些经营新手经常用的方法，感觉自己拍摄的商品图片看起来不够吸引人，就直接到卖相同商品的同行那里使用他人的商品图片。有些人甚至连 Logo（标志）水印都没有去掉就直接使用，或者 PS（图像处理）后的效果极差，这样的商品图片是无法让买家满意的，而且他们看到你的商品图片是盗用他人的图片后，就会对你商品的真实性产生怀疑。

商品图片的真实性始终是最重要的，如果图片和实物差距过大，即便是将商品卖出去了，也会引起买家的不满或投诉，得不偿失。微店的商品图片最好采用自拍、街拍等方式，这种很自然的图片才更容易受到买家欢迎和认可。比如经营服装，一般都不会只放孤零零的衣服图片，而是会找模特儿穿上衣服拍摄。有的经营者自身条件不错，还会自己充当模特儿，这样的商品图片发到朋友圈，显然更能引起反响。

如果商品看起来确实不够美观，可以用 PS 适度修饰，但切勿修饰过度，让商品看起来显得很假。

（5）文字描述太过乏味

除了商品图片外，商品文字描述也是一项重要的信息展示项目，文字描述无须长篇大论，简单几句话介绍亦可，关键是要避免乏味。

有的微店店主在描述新到的衣服时是这样说的："最新款 T 恤，黑白双色，纯棉，欲购从速！"这样的商品描述，显然无法给买家留下多么深刻的印象。微店中的商品描述，最好能符合网络用语习惯，语言风格轻松俏皮一些，不要显得过于严肃或者公式化、形式化。

文字描述的语言应当简洁，但内容一定要齐全，不能为了避免语言啰唆就"偷工减料"。在做商品的文字描述时，一定要遵照一个原则，就是将消费者有可能关心的内容进行全方位的介绍。以销售食品为例，不仅要标明名称、规格、保质期等基本信息，食品的口感、原料、食用方法等同样应当做出简单的介绍。

商品详情页要怎样做才能看起来十分诱人，从而让买家看到商品介绍就油然而生出强烈的购买欲望？具体可以根据以下四个方法来设计（如图5-8所示）。

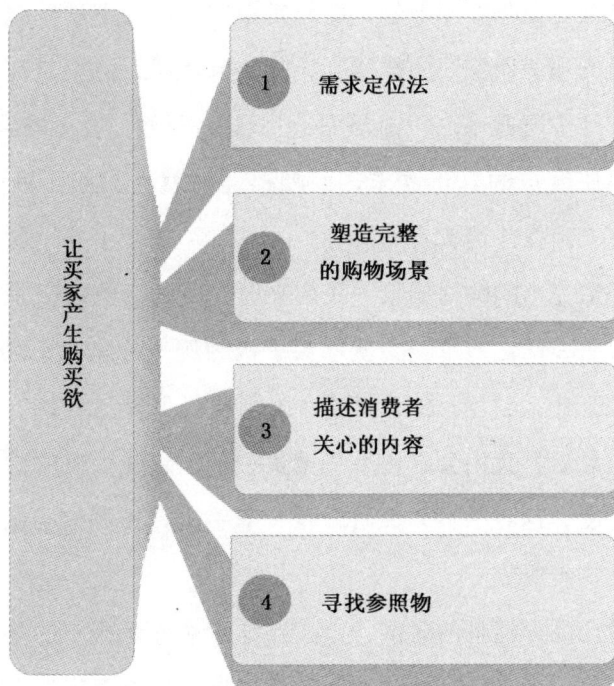

图5-8 让买家产生购买欲

第一，需求定位法。需求定位是个老生常谈的话题，可以说做任何行业之前，都免不了要做一番需求定位，从而找到真正的消费群体在哪儿。但是，当需求定位逐渐成为一种"固定项目"时，不少商家在做需求定位时也往往只是流于表面。比如，一些销售流行日韩风格女装的商家就会这样定位："18~30岁的年轻女性，每月收入2000~3000元，喜欢追求时尚与潮流。"这样的需求定位真的是准确的吗？

不少商家仅仅是凭借数据、经验来做需求定位，也许这样做你能够找到目标客户群，但是却并未发掘出他们潜藏在心底的真正需求，这样你在做商品描述时就会与客户的消费心理产生偏差，自然也就会缺乏相应的吸引力。

所以，那些买流行日韩服饰的年轻女士们真的只是追求时髦，或者是追求服饰的高性价比吗？都不是，她们是希望自己穿上这些服装后能够和日韩电视剧里的那些偶像们同样漂亮、知性、优雅，甚至是在不起眼的街边路口或咖啡厅中邂逅一位"白马王子"，这才是她们真正的需求。

如果抓不住客户的真正需求，商品描述时就会只浮于商品介绍的表面，而无法深入地抓住消费者的内心。

第二，塑造完整的购物场景。我们平时在实体店购物时是怎样选购商品的，你能够一一回忆起来吗？就拿买手机为例，首先，我们会先观察一下手机的外观，什么颜色，什么材质，外形设计又是怎样的。其次，对外观有了第一印象后，我们会拿在手里掂量一下，感受手机的重量以及拿在手里的舒适程度，这叫手感。最后，看一下手机具备哪些功能，对照一下参数，是不是物有所值。

我们在做商品详情页的时候，是按照这个顺序来排版的吗？很多商家只是从各个角度拍了一堆商品图片，然后挑选一些看起来好看的图片直接上传到店铺，这样的商品描述不是说不行，但也仅仅只能起到展示的作用，而很难期待给消费者留下更深刻的印象。

所以，在做商品详情页的时候，要运用情景引导，想一想我们在实际购买该商品时是一个怎样的选择过程，根据行为分析去循序渐进地排版，这样能更有条理性地将所有商品信息都传递给买家。

第三，描述消费者关心的内容。一些商家做商品描述时，总是不加筛选地将能搜罗到的所有商品信息都一股脑地全部告诉买家，丝毫不去思索消费者是否真的在意这些内容，是否真的理解这些内容。

拿移动电源为例，一些商家为了表现移动电源的高科技，就运用大量专业名词和数据，容量大小、时间长短、转化率的高低，或者是内置了多少芯片，拿到了哪个奖项等。诚然，商品有新技术、新奖项，我们迫不及待地想要让消费者知道，这可以理解，但不能因此就忽略了消费者的需求和理解能力。用绝大多数图片来介绍一些让人看起来云里雾里的高科技，各种拗口的专业术语和数据并不能让客户真正地了解该产品。

所以，商品描述一定要"接地气"，消费者不会关心产品有哪些高科技，只会在乎这些高科技能否帮助他们更好地解决问题。同样，在解决问题的描述上也应当考虑到消费者的心理。比如，"能充 iPhone5 达 100 次"和"能保证你的 iPhone5 一个月不断电"，这两句宣传语哪一句更有吸引力？显然是后一种，因为充电 100 次究竟是多还是少，消费者并没有一个准确的概念。

在做商品描述时，要始终记住，保证你所描述的内容是绝大多数消费者能够理解的，同时，要贴近生活、贴近需求，是消费者真正关心的内容。

第四，寻找参照物。我们平时在逛街购物时，为什么总喜欢和闺密或死党一起？最主要的目的就是想听一听他们的意见，从而为购物做一个参考。店主在微店中做商品详情页的时候，也可以找一些参照物，从而主动为消费者提供一些参考意见。

比如，某一款包包上的一个按钮造型很有特色，我们就可以找一个外形相似但没有该特色按钮的包包拿出来做对比，这要比你用大段文字去描述生动得多。

如今的电子产品，如手机、照相机、电脑等，往往都会出一些相近的型号，这些型号外形都很相似，然后会增添或删除一些功能，如果不是特别关注该品牌或产品的买家，很难做出准确的区分，我们就可以通过相近两种型号的产品对比，为消费者展示出该型号产品的特点和功能。

6. 如何把淘宝店的商品一键搬到微店

微店有一个非常赞的功能，那就是"淘宝搬家助手"。如果你已经有了一家淘宝店，如今想再开一家微店，那么不必再辛辛苦苦地重新上传一遍商品信息，只要利用"淘宝搬家助手"就可以轻松将淘宝店里的商品复制到微店上来。

　　进入微店主界面，点击右下角的齿轮形状按钮就会进入微店设置界面，第一个选项就是"淘宝搬家助手"，点击进入后可以看到两个选项，一个是"快速搬家"，另一个是"普通搬家"。

　　"快速搬家"是微店新增的功能，点击进入后会弹出淘宝会员登录界面。然后，只要我们输入淘宝账号和密码并确认后即可进入搬家过程（如图5－9所示）。根据商品数量的不同，等待搬家完成的时间也不同，一般来说，整个搬家完成不会超过24小时。

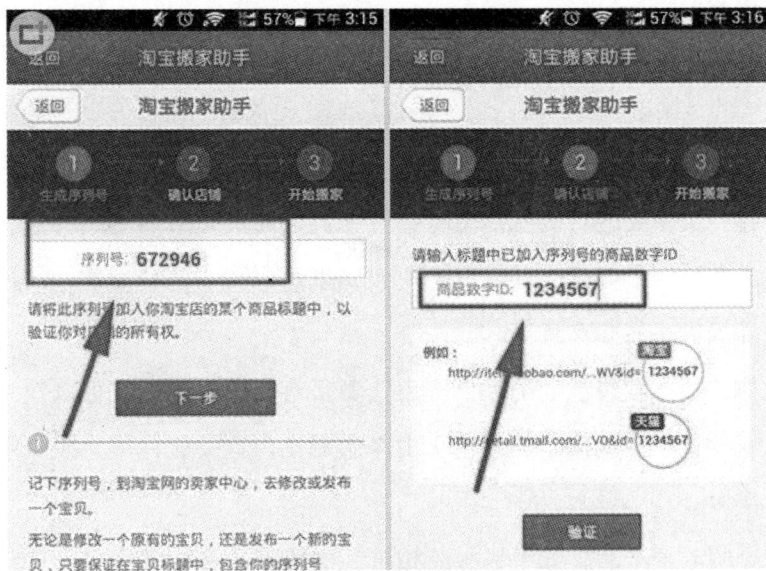

图5－9　淘宝搬家助手

　　搬家成功后，进入"我的微店"，即可看到搬家后的商品。如果淘宝店铺新增了商品，点击"更新"即可将新增商品同步到微店中，十分方便。

如果快速搬家没有成功，我们也可以选择普通搬家。普通搬家要稍微麻烦一点，但是更稳定。

首先进入"普通搬家"，在新弹出的界面中会自动生成一个序列号，该序列号就相当于确认淘宝店铺的暗号。记下该序列号后，在电脑上登录我们想要搬家的淘宝店铺。进入"卖家中心"下的"出售中的宝贝"界面，随意选择一个上架中的商品，点击"编辑标题"按钮，将微店中生成的序列号添加到标题中去，点击"保存"，商品标题就修改完成了。

接下来，点击我们刚刚修改过的宝贝标题，进入宝贝详情页。在该宝贝详情页的浏览器的地址栏里，可以看到在"id ="后面是以一串数字结尾，记下这串数字，然后回到手机微店中来，点击"下一步"，在新弹出的页面中会要求你输入商品数字 ID，就是我们刚刚记下的一串数字，输入完毕后点击下方的"验证"。这时微店就会自行处理，进入搬家过程了。

普通搬家还有一大功能，那就是即便你自己没有淘宝店，也可以将他人淘宝店中的商品搬到自己的微店中，只要你和该淘宝店主达成一致意见。

如果我们对于某家淘宝店的商品十分认可，可以主动和店主商谈，让对方同意将他店铺中的商品复制到自己的微店中。如果有买家在你的微店中购买了相应的商品，我们就可以将订单和购货款交给淘宝店主，我们从中赚取差价。或者你也可以直接在对方的淘宝店里下单，让店主帮你改价，你填写买家的收件人信息，让淘宝店主直接发货给买家，更加方便。

运用好微店的淘宝搬家助手，可以节省大量添加商品所要花费的时间，实现淘宝和微店的同步经营，也可以为微店增加一种新的货源渠道。

7. 分享商品信息

添加好商品信息，准备好微店的商品之后，我们就可以正式"开门营业"了。微店的营业过程，就是一个不断推广、不断分享信息的过程。

在做推广工作之前，我们首先需要知道消费者可以通过哪些途径得知并进入你的微店。

（1）店铺或商品链接

这是买家最常用的进入店铺的方式。每一个微店，微店中的每一个商品都有一个对应的网址，通过点击网址买家可以直接进入店铺首页或是商品的详情页。

（2）店铺二维码

扫描二维码是微信的常用功能之一，每一个微店，都有一个对应的二维码。买家在接收到二维码后，可以利用微信的"扫一扫"功能，从手机相册中选择微店的二维码，即可进入店铺。

（3）通过口袋购物 App 搜索

口袋购物微店有一大优势就是口袋购物旗下有一个专为买家选购商品时服务的软件，即口袋购物 App。安装了口袋购物 App 的买家可以直接在搜索栏中输入微店的名称，即可直接找到卖家的微店。

明确了买家进入微店的必备途径后，我们也就确定了信息分享的内容，主要包含三点，一是店铺或商品的网址，二是店铺的二维码，三是店铺的名称。

在我们的微店和每一件商品的下方，都有一个"复制链接"的选项，只要点击该选项就能够复制相应的店铺或商品网址，然后就可以直接粘贴到我们想要进行宣传的网站或信息沟通平台。

微店也可以进行直接的信息分享，在"复制链接"选项的后面，有一个"分享"的选项，只要点击一下，就会弹出一个新菜单，即通过社交软件分享微店及商品信息。微店支持的社交软件种类很多，包括微信、朋友圈、QQ 好友、QQ 空间、新浪微博、二维码等我们常用的平台，也有 Facebook、Twitter 等国外较为流行的社交软件，甚至还可以通过短信、电子邮件、蓝牙等进行商品信息的分享。

在分享商品信息时，不建议微店店主单调地、硬生生地进行推广，毕竟没有人真正喜欢自己的朋友圈都是各类宣传商品的信息。一旦你没有进行任何铺垫和介绍，就单单发一个店铺或商品链接，别人可能很快就不会再关注你，或者是直接把你"拉黑"。但这并不意味着使用社交媒体进行商品信息分享不是一个好的选择，社交媒体是微店宣传的主力，如果不用，微店就很难做起来。但如果不加修饰地滥用，则可能连社交媒体上的朋友都做不成。

所以，在分享商品信息时，我们应当从日常的聊天中切入，当我们聊到某种商品时"不经意"地分享一条链接，然后一步步地介绍自己的微店和商品，为自己的微店做广告。通过这种方式可以将朋友圈对商品广告的反感程度降至最低，绝对要比"没头没脑"地发送一条商品链接效果好得多。

设置微店运费

微店的运费设置并不像淘宝等传统网店那样拥有多种多样的运费模板，目前仅支持按件数设置运费及按地区设置运费，无法按照体积、重量等来设置运费。但是，对于经营种类较为单一的微店来说，按件数和地区来设置运费一般情况已经足够使用了。

设置微店运费，首先需要点击店铺下方的"编辑"按钮，在"编辑店铺"的页面中能够找到"运费设置"的选项，点击"进入"，再点击"修改"按钮即可进行详细的运费设置。运费设置的内容主要有两项，一个是默认运费，另一个是指定地区的运费。

在默认运费中，我们要填写固定件数内的商品运费，以及每增加多少件商品，运费的增加数额。比如，某种具备一定体积和重量的商品，在10

件以内按照 15 元的基本运费收取，但是一旦超过一定件数，由于超过了规定的体积或是重量，快递公司就会加收运费。这时，我们就可以按照快递公司的加收运费数额来设置微店中的加收运费。

除此之外，由于送往不同地区的运费数额并不完全相同，还可以指定地区的运费。点击运费设置下方的"＋"号按钮，即可新建一个指定地区运费。运费设置内容方面还是和默认运费设置相同，即设置固定件数内的商品运费，以及超出规定数量的加收运费。在设置运费的上方，有一个"选择地区"的选项，点击进入后即可选择该运费模板中的指定地区。地区选择可以进行大方位选择，比如华东、华中、西北等。点击相应的地区选项还能够进入更详细的省份选择，从而可以进行更详细的地区制定。需要设定多少不同的地区运费，就可以新建多少运费模板。全部运费设置完成后，点击右上角的"完成"按钮即可完成运费设置。

完成指定地区的运费设置后，在发往指定地区时就会按照相应的模板显示运费，而指定地区外的运费则按照默认运费设置来收取。

一般情况下，在单件商品利润有保证的情况下，微店店主最好尽量提供包邮服务。因为现在提供包邮服务的网店越来越多，买家已经习惯购物时包邮了，如果不包邮买家会感觉不划算。其实，许多买家也许并不在乎那 10 元、20 元的邮费，更多的是一种习惯心理的影响。

如果是单价较高的商品，甚至可以将价格上调 5 元、10 元，从而为包邮提供利润空间。但如果是单价仅有几元的小件商品，这种方法就行不通了。而且，这类小件商品的利润很低，如果没有一次性销售足够的数量，赚取的利润甚至不够运费。这时，我们就可以在商品描述中注明，一次性购买多少件以上才提供包邮服务。

包邮的前提还是应当建立在利润的基础之上，如果没有充足的利润做支持，最好不要盲目地提供包邮服务。如果是为了快速扩大知名度和销售额，或者是商品成本有很大的下降空间，也可以在不赢利或少赢利的基础上提供包邮，但最好不要出现亏损情况，否则对微店的良性发展很不利。

　　包邮服务毕竟只是一项附加价值服务，它不会成为买家消费的决定性因素，想要获取更多的客流量，关键还在于商品的定位和性价比。

第六章 秣马厉兵——微店装修及推广

微店开始经营后，仅仅坐等客户上门显然是行不通的，微店不像实体店，自发的传播能力是很有限的。想要吸引更多的客户光顾，让更多人进店消费，就需要对店铺进行适当的装修并且去主动推广。

微店装修常识

无论是实体店还是网店，店铺的装修不仅仅只是起到一个美观的作用，同时也是吸引消费者眼球，让消费者了解店铺信息的重要媒介。

微店的装修是很简单的，装修模块也很少，不仅不需要像实体店那样耗资费力，也远远没有淘宝店那样复杂。

但是，这简简单单的装修却是不可忽视的，毕竟微店和淘宝主要依附的平台不同。以手机为主要交易平台的微店要兼顾到手机的特点进行装修，装修风格、装修内容等都要有自己的特色，如果照搬淘宝店的模式未必能取得好的效果。

1. 如何确定装修风格

微店的装修，表面是为了让微店看起来更美观，更有个性，但是最真实的目的还是为了能借此吸引消费者的注意和好感，以创造更多的销售额，为微店带来更高的人气和更多的忠实客户。如果不能达到这个目的，微店的装修就没有多大的意义。

消费者的性别、年龄、职业、爱好等不同，造成了他们对不同装修风格的接纳程度和喜好程度的不同。想要起到吸引消费者，促进消费的目的，就要根据商品面对的主要消费群体的心理特点来选择相应的装修素材。例如，一般来说插画、桃心、花边等风格适合女装店铺，而黑白搭配、有金属感的风格更适合男装店铺，童装店铺则更适合卡通风格。如果恣意搭配装修风格和商品，则有可能让微店看起来不伦不类。

除了整体的风格，色彩的选用也很重要，整个店铺的主色调是留给消费者的第一观感。暖色系一般来说是比较容易产生亲近感的颜色，如红、橙、黄等色，比较适合面向年轻阶层的店铺。在暖色系中，粉红、鲜红、鹅黄色又是女性特别喜好的颜色，在女性用品店或婴幼儿用品店中采用比较合适。寒色系则有端庄、肃穆、沉稳的感觉，如蓝、黑、灰等色，适合销售高档用品的店铺使用。销售西装、高档工艺品的店铺一般都会选择寒色系。

还有些店铺会根据季节选择色彩，在冬季就采用暖色系，在严寒冬日给消费者送去一股暖流；而在夏季就采用寒色系，在炎炎夏日给消费者带去一丝凉意。

无论采用哪种店铺装修风格，都要注意两大要点（如图6-1所示）。

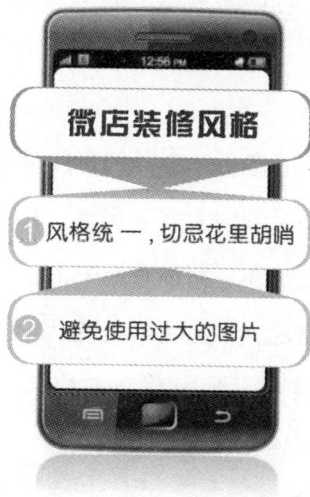

图6-1 微店装修风格

（1）风格统一，切忌花里胡哨

整个微店看起来要让人有一体感，字体和图片风格要统一。比如，卡通风格的店铺就可以选择一些卡通风格的字体，而风格更稳重的店铺则可以选择一些较为方正的字体。图片和文字的搭配看起来不要太零散花哨，否则容易造成消费者视觉疲劳。

（2）避免使用过大的图片

如果微店装修中使用的图片容量过大，或者是分辨率远超普通的智能手机，就会使一部分客户在进入微店，手机载入微店的速度和流畅度受到很大的影响，从而影响了他们的购物体验。所以，在准备装修的图片素材时，要考虑到手机平台的因素，选择大小适中的素材。

下面根据几种不同经营方向的微店的装修风格来进行进一步的了解。

经营服装、化妆品的微店，主要面向的消费群体是时尚女性，装修风格要时尚、漂亮，装修图片看起来要有美感、有档次。

经营高科技电子产品的微店，主要面向的消费群体是成年的年轻男女，尤其以男性为主，装修色调以黑灰色为主，凸显出科技感和潮流感。

经营玩具、布偶的微店，主要面向的消费群体是学生或是年轻女性，装修风格就应当活泼可爱一些，图片可以选择一些卡通图片，色彩也以鲜艳的颜色为主。

经营珠宝等贵重物品的微店，面对的主要是25~40岁的人群，这类商品的女性消费者居多，但付款的大多是男性，因为可以选择中性的装修风格，兼顾男女双方的审美情趣，整体看起来沉稳、大气、富丽堂皇。

微店的装修风格的确定，最主要的考虑因素就是商品的风格和主要消费群体的特征，做到三者相一致，那么装修后的微店就一定是适合经营的，能够引起消费者的好感和购买欲。

2. 装修包含哪方面内容

微店的装修内容很简单，主要有两个部分，一个是微店图标，另一个是微店店招。

　　微店图标是店铺名称旁边的圆形小标志，该图标是买家在搜索你的微店时从店外即可看到的标志，因此可以说是微店的招牌。微店图标是吸引买家进入微店的重要工具。

　　微店店招，是在买家进入你的微店时看到的，位于最上方的长方形图片。相比微店图标，微店店招的展示空间要大上许多，因此可以进行更多的内容设计。微店店招是买家初步把握微店风格，掌握微店基本信息的途径。

　　微店装修，实际上就是围绕微店图标和微店店招这两块区域进行图片选择与设计的过程。

　　微店图标和微店店招的选择与更换，都是在"编辑店铺"的界面完成的。在"编辑店铺"界面的最上方，就是微店图标的显示区域，点击一下左边的圆形图标即可进入选择图片的界面。我们可以直接选择手机中的图片，也可以用手机进行拍照来获取新图片。

　　在选择了一张图片后，我们可以利用手机内的图片编辑软件对图片进行裁剪，因为微店图标的大小有限，我们要选择重要部分才能使买家看得更清楚。此外要注意的是，虽然裁剪图片时是方块形的，但在显示时仍然是圆形的，所以在裁剪图片时要注意，以便让我们想要展现的内容都涵盖其中。

　　选择并编辑好图片后，返回"编辑店铺"界面，我们即可看到最新选择的微店图标了。

　　在"编辑店铺"页面的下方，我们可以看到更换店招的选项，同样点击进入后，也有两个选项，一个是"拍照"，另一个是"从手机相册选择"，我们可以用需要的方式选择店招图片。在选择好图片后就也可以通过软件裁剪使图片更符合本店的需要了。

　　当微店图标和微店店招都设置完成后，就可以点击微店进入"预览店铺"的界面，即可看到微店的装修效果了。

3. 设计微店图标及店招

很多时候，现成的图标和店招可能并不能满足微店店主的需求，同时这样的图标和店招也难以展现微店的特色和信息。所以，一些动手能力强的、有图片编辑知识的微店店主就可以自己动手来绘制、设计，做出属于自己的独一无二的微店图标和店招。

其实微店图标及店招的设计并不复杂，无非是选择一些中意的图片素材，进行拼接、组合，进行色彩的调整，或是 PS 上一些艺术字来进行信息展示。

在做设计之前，店主要先弄清楚应该做多大的图片。微店图标很小，是一个圆形的标志，一般做出 80×80 的正方形图片，然后再裁剪成圆形即可。微店店招相对大一些，是横着放置的长方形图片，一般做成 100×300 的大小即可。

明确微店图标和店招的大小，一方面可以保证内容设计能够完整地展现出来，另一方面也能使图片和店招以最小化呈现，避免图片太大造成买家进入微店时加载困难。

图标一般是作为微店的"徽章"，由于大小所限，因此就不要在上面添加过多的文字，不过也可以用两三个字来添加上微店的简称或昵称，作为微店的品牌标志。微店图标的设计既要简洁又要有含义，这样才不会成为一种仅仅是好看的图片。当你的微店经营越来越顺利的时候，知名度越来越高的时候，你的微店图标就有可能成为一种宣传手段和形象代言。

店招有着让我们发挥想象力和创造力的更大空间，但是在自由创作的同时，一定要确保店招看起来有整体性，而不是一块东拼西凑的"剪切画"。很多微店店主喜欢在店招中加入文字，对微店的经营宗旨、内容等进行简要展示。尽管店招的空间较大，但如果嵌入过多的文字仍然会显得十分臃肿，从而影响视觉效果。所以在设计文字内容时，最好用最简洁、最精准的词组和短语来展现，这样做一来文字量小，买家阅读方便而且容易记忆，二来简单的词组组合读起来更有气势，更有煽动性，能给买家留下更深刻的印象。

微店的图标和店招设计，一定要遵照预先确定的装修风格来进行，使其能与商品融为一体，而不至于显得格格不入。

微店推广策略

微店的推广是微店经营中最困难的一件事，同时也是最重要的一项工作。推广工作是获取店铺流量的基础，微店做的是朋友圈生意，这是一个相对封闭的平台，因此店铺流量的获取比起实体店和传统网店来说要更加困难一些。

和淘宝上形形色色的流量获取途径相比，微店的推广手段就少了许多，但是微店的推广途径也有自己独有的优势。一是这些推广途径的成本很低，甚至是零成本，给微店的经营减少了很多的资金压力；二是这些推广途径符合微店平台的特点，有一些是微店专用的方式，这种"对症下药"的推广方式往往更加有效。

所以，学习这些推广策略并加以灵活运用，一定能够大大改善微店的经营现状，提高微店的人气。

1. 制定个性化营销策略

在学习和运用推广策略之前，我们首先应当明确推广方针，推广策略只是工具和途径，推广的内容归根结底还是要根据推广方针来设计和制定。

在这个商品同质化，宣传同质化的时代，想要吸引买家的目光，就要设计创新的推广方针，进行差异化推广。如果看到别人做什么活动，效果不错，我们就跟风去做同类的活动，这是很不高明的做法，效果往往不会如预想的那样好。

不过，这也不是说，我们完全不能向竞争对手借鉴与学习。我们可以模仿竞争对手，但不要完全照搬，要加入一些自己的特色，创新和差异化不必一蹴而就，可以一点一点地进行。只要长期坚持下去，就一定能形成一套属于自己的个性化差异推广方案。

差异化的推广方式，一般包含以下三项内容（如图6-2所示）。

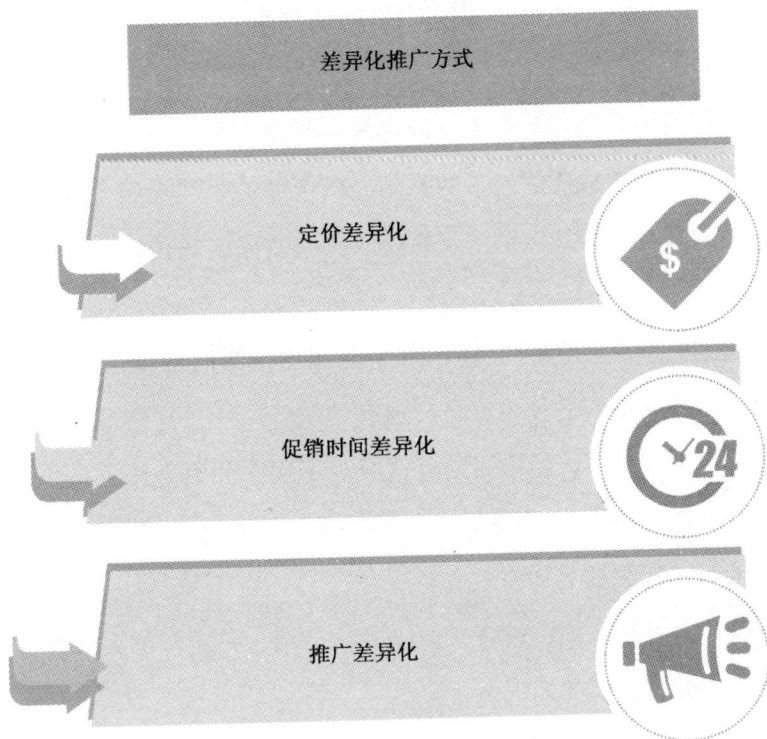

图 6-2　差异化的推广方式

（1）定价差异化

我们可以将产品弄成各类不同的包装，让价格形成更多的梯度，满足更多客户的选择需求。比如，500元的白金礼品装，共计500克，我们可以将200克同类商品做成小包装，作为定价300元的迷你白金礼品装，这样，就可以给客户提供更多的选择自由。消费者总是喜欢对比，我们就可以多设计几组对比包装的商品，让消费者慢慢地评价和选择。

（2）促销时间差异化

促销时间同样也可以避开热门的促销时间段，比如节假日，这是众多商家都喜欢也是必定都会选择的促销时段。微店创业者同时，不可盲从，可以在节假日前一天甚至后一天来开展促销活动。

同时，还可以根据时间的不同给予不同的折扣，比如，上午设定一种折扣，下午设定一种折扣，让买家自己慢慢计算哪种折扣更划算。

（3）推广差异化

在推广方式和内容上，微店创业者可以在经营初期多进行一些"实验"，认真地归纳总结推广效果，从而找出最佳的推广方式和内容。另外，也可以参考同行的推广方式和内容，竞争对手用什么方式推广，我们就换着方式来，竞争对手的宣传重点是什么，我们就改变宣传重点，有差异才有注意。

从商品的定价、促销时间和推广三方面去强化差异化，做出和竞争对手有显著区别的，有自己特色的微店，才能够让你的微店在竞争中大放异彩。

2. 把店铺和商品分享给好友

把店铺和商品信息通过各类社交平台直接分享给好友，这是微店最简单也是最常用的推广策略。店铺和商品信息的分享非常简单，难的是如何让好友接受，如何让信息进一步地传播。如果仅仅把信息分享作为结果和目的，可能最后仍然无法给微店带来客流量。

朋友圈对商品信息普遍存在本能的反感，想要让这种消极影响降低，就需要我们日常的维护。在平时，可以少发店铺和商品信息，多发一些平时生活的内容和段子，多和好友拉拉家常，发一些自己的生活照，或者是转发你觉得写得好的文章。这样，让你的好友通过你的朋友圈、QQ空间等看到一个活生生的你，他们对你的信任和好感自然就增加了，对你所发送的商业信息的排斥自然也就减小了。

有一些微店店主为了快速传播店铺和商品信息，会请自己的好友帮自己进行转发和分享。但实际上，许多好友对这类请求是感到十分为难的，因为他们并未购买过你的商品，对你微店商品的品质并没有把握。如果不答应你，就折损了你的面子。如果答应了你转发了，结果自己的朋友从你那买到了假货，自己反而背了"黑锅"。

所以，拜托好友进行信息转发和分享最好能在对方已经在你的微店中消费过后再进行。等你发掘了第一批朋友圈客户之后，你的推广压力就会小很多，同时你的推广途径也会越来越宽敞。当再次进行店铺和商品信息分享时，你就可以拜托这些在你微店内消费过的好友帮助你转发、分享，这样一传十，十传百，不仅传播速度快，而且比起你直接发掘陌生的客户群效果要好得多。

3. 微店联盟，访客量可以这么搞

微店联盟推广相当于淘宝中的互换友情链接，达成了联盟的微店店铺，买家可以在其中一家微店中通过链接直接进入另一家微店。微店联盟是一种互相推广、互惠互利的推广方式，但是想取得好的效果，联盟店铺的选择很重要。

那么什么样的店铺适合作为联盟店铺呢？最关键的一点就是要确信对方是真心实意地在做微店，而不是注册个号随便玩玩。因为只有全身心投入的微店，才有可能有较高的客流量，才有可能越做越大，联盟店铺的流量足够高，通过联盟店铺进入自己微店的客户才有可能足够多。

所以，在选择联盟店铺的时候要先进去看看他是不是用心在做微店，宝贝数量、店铺介绍、店招、店铺 Logo 等是否认真在做。如果没有注意这些问题，加到的联盟店铺有些一件宝贝都没有，这样的店铺是没有任何用处的，我们加友情链接的目的是要让他的店铺给我们带来流量，因此，那

些一件宝贝都没有的店铺就没有必要互换友情链接。

那么，如何寻找联盟店铺并交换友情链接呢？首先登录微店，在第二页中找到"我要推广"的模块，点击并进入。在新界面中第一项就是"微店联盟"模块，点击进入。进入微店联盟界面后，会在下拉菜单中展示所有的微店，每一个微店右侧都有一个"＋"号，只要点击"＋"号即可添加对方为好友，接下来等待对方验证通过后即可组成联盟。

每一家微店最多只能与10家微店交换链接，所以我们在交换链接之前最好先点击一下该微店，去看一看该微店是卖什么商品的。微店不像淘宝，在交换链接时必须选择和自己不同行业的，因此我们可以尽量选择同行或者能形成商品互补的微店来结成同盟，这样，当买家在对方微店中没有找到满意的商品时就会愿意点击链接到你的微店中看一下了。

如果你有认识的好友也在经营微店，也可以在上方的搜索栏输入对方的店铺名称，或者是店铺网址，或者是店铺ID（IDentity的缩写，即身份标志号码），这样就能够直接搜索到对方微店以交换链接。

在成功交换链接之后，从下方菜单的统计一栏中，我们可以看到友情店铺每天为我们带来的客户数量，从而能够方便地评估微店联盟的推广效果。

在下方菜单中还有一项动态，在这里，我们可以看到申请和我们交换链接的微店，接受申请后即可与对方交换店铺链接，结成微店同盟。

通过微店同盟，我们等同于有了10个新的传播窗口，只要结成联盟的微店选择得当，就能够显著提升自己微店的访客量。

4. 分成推广：让别人帮你推广

微店分成推广是别人通过分享你的店铺到朋友圈，如果能够促成交易则会获取一定比例的佣金（如图6-3所示）。分成推广只对微信有效，只有通过微信进入你的微店才能看到你所设置的分成推广。

分成推广是一种付费推广方式，但它的好处在于，只有成交后你才需要向推广者支付佣金，也就是说，只要你把握好利润和佣金比例，始终能够做到稳赚不赔，而不用担心会因此产生亏损。

图 6-3　分成推广

那么，分成推广要如何设置和使用呢？和微店联盟一样，首先我们要进入"我要推广"的模块，在微店联盟下面即可看到分成推广的选项，点击进入会出现一段关于分成推广的简短说明，点击"同意"后就会弹出设定佣金比例的界面，选择相应的佣金比例并确定后即可完成设置。

当分成推广开通后，你的微店的商品界面就会增加"转发有奖"的按钮，通过微信进入你的微店的人即可点击该按钮进行转发，从而帮助你进行推广。

当有一笔交易通过分成推广成交后，就会按佣金比例自动生成一笔佣金支付给推广者。比如佣金比例为 5%，某件商品的售价为 100 元，只要该商品通过分成推广成交，就会给推广者支付 5 元佣金，而我们则收取 95 元货款。

在分成推广的设置界面，具体可以选择查看报表来详细查看佣金的支付情况。同时，佣金比例可以随时修改，分成推广也可以随时取消，微店经营者可以根据经营状况和分成推广的效果来灵活作出调整。

5. 口袋直通车

口袋直通车是口袋购物微店独有的推广功能，这是一种按点击效果付费的营销工具，主要向口袋购物的用户进行精准推广。

和分成推广相比，口袋直通车是微店官方帮助你进行推广，因此力度更强，范围更广，但是其收费方式是按点击收费，也就是买家只要点击链接进入了你的微店，即便他们不消费你也仍旧要付款，所以，这项功能只推荐给已经小有成就，每月有稳定销售额的微店店主使用。

但是，不是每一家微店都可以开通口袋直通车，它需要满足以下三个条件：

①已经开通担保交易；

②在售商品数不少于 5 件；

③最近 30 天成交笔数不少于 5 笔。

开通口袋直通车必须在电脑端操作，在电脑上访问口袋购物商家营销平台：sell. koudai. com，在平台中选择"我是微店卖家，用微店账户登录"，然后输入微店手机号码及密码进行登录。登录成功后，如果店铺符合开通口袋直通车的三项条件，点击开通后即能立即开通口袋直通车。

6. 微信公众号推广

微信公众号是如今许多企业和商家常用的推广方式，和微信推广相比，微信公众号更具有权威性和可信性，因为微信公众号一般都是通过腾讯官方认证的。而且，微信公众号的设计目的就是为了大范围地宣传和推广产品，因此人们的排斥感较小。同时，人们对于公众号有自主选择性，可以选择自己认同的、感兴趣的公众号，而不像微信一样，被迫地接纳各类未经筛选的信息。

进行微信公众号推广之前，微店店主一定要先了解一些必备的事项（如图 6-4 所示）。

图 6-4　微信公众号推广

（1）分清楚订阅号和服务号，走错一步无回头路

单从字面意思来看，订阅号旨在为用户提供各类信息咨询，而服务号则旨在为用户提供服务。这两者在功能上有很大区别，主要是订阅号可以每天群发一次消息，但用户不会收到提醒，而服务号只能一个月群发一次消息，用户能够收到消息提醒。

由于申请服务号有较高的门槛，所以绝大多数微店店主使用的应该是订阅号，而且从推广需求来看，可以一天群发一次消息的订阅号更符合广大微店店主的需求。同时，订阅号和服务号一旦申请就无法再次更改，所以微店店主在选择之前一定要慎重考虑。

（2）每天发送的内容不要太多

手机的屏幕大小是有限的，用户每天的时间是有限的，如果每天发送的信息过多过长，用户看不下去，自己劳心费神不说，还会让用户产生抵触心理。所以，每天发送的信息，一张图搭配两三段文字最佳。

（3）图片大小、视频长度要适量

除了内容要简短以外，如果搭配了图片或视频，也要做好控制。如果没有特别的需求，单张图片的大小最好控制在 50KB 以下，视频的长度最好不要超过 3 分钟。如果图片过大、视频过长，使得用户打开速度过慢，就会影响用户的阅读欲望。

（4）信息主题凸显，目的明确

每天发送的信息，要选择一个明确的主题，要有明确的目的。不能东说一头，西说一头，让用户摸不着头脑。不要试图在一条信息中表达多项内容，一条信息就说一件事，想要说更多的事情就再发送一条信息。

（5）借势热点新闻

热点新闻，不管是国内的还是国外的，不管是科技、体育还是文化，只要是近期媒体大肆报道的，就一定是网友密切关注的。就新闻的发掘能力和发送速度，我们自然比不过专业的新闻机构，但是我们可以根据新闻内容进行自己的解读和评论，将热点新闻变为自己的内容。

（6）学会做"标题党"

标题是吸引用户阅读的关键一点，尤其在粉丝数量不多的时候，标题一定要劲爆，一定要扣人心弦。哪怕是用户点进来后大呼"上当受骗"也没关系，在这个信息时代，不怕被指责为"标题党"，就怕标题平淡无奇。

（7）抄袭不可怕，可怕的是不会抄

互联网时代，信息的独创性和秘密性越来越小，很多东西都是你抄我的，我抄你的。在微信公众号推广中使用别人的内容不是什么可耻的事情，怕就怕不懂变通，完全地照搬照用。如果一个公众号没了自己的"味道"，那么粉丝很难再进一步增长。所以，即便要借用他人的内容，我们也可以用自己的语言风格和特点进行重新编写和组织，让其具备我们自身的独特"味道"。

（8）粉丝增长缓慢，就"强行"拜托朋友

粉丝增长是公众号推广的关键，但同时也是一个大难题，如果你已经动用了自己一切的渠道和资源，仍然没有令人满意的粉丝数量，那么不妨去拜托自己最好的朋友，让他们介绍一些人成为自己的粉丝。即便一人介绍一两个粉丝，也能取得显著的增长效果。

（9）没有创新才能，就去学会模仿

做内容确实不是一件容易的事，尤其想让每天的内容都有新意和吸引力。如果你确实缺乏创新才能，那么就去学习竞争对手是如何做的。关注10个竞争对手的微信，就相当于有了10个账号在教你如何做推广，你要做的就是组合搭配他们的方法，优化他们的方法。记住，竞争对手永远是最好的老师。

使用微信公众号进行微店推广，其实本质就是增加粉丝数量，这是一种间接推广的方式。试想一下，如果你的公众号每天发送的都是关于自己微店的商品信息，怎么可能能够引起用户的好感呢？他们关注你的公众号，目的是希望看到有营养、有意义的内容，而不是每天订阅一堆广告。

微信公众号推广并不是一个能够立马见效的推广方式，不仅需要长时间的经营，可能还需要投入物质成本。微信公众号运营得好，能为微店带来很好的良性推动；如果运营不好，可能就无法带来一丝销量。

那么如何才能运营好公众号呢？每个玩公众号的人都会知道一些增加

粉丝的方式，以下总结一些常见的方法。

①公众账号互推。账号互推是一种来自微博的增加粉丝的方式，有着很不错的效果。需要注意的是，在互推时一定要找和自身微店的经营有关联性的账号，这样增加的粉丝才有可能是对自己的微店经营有推动作用的。

②微博推广。使用新浪微博、腾讯微博等来推广公众号也是一个很好的方法，尤其是你有微博大号资源的时候，可以轻松获取很多粉丝。如果自己没有微博大号，也可以找有微博大号的朋友请他们代为推广。在微博上可以在头像或背景里增添自己的公众号二维码，或者是发一些精彩的博文，在文章后面增添公众号二维码，以此来吸引用户关注。

③其他线上推广。贴吧、论坛、QQ 空间、人人网等较为活跃的网络平台也能够用来推广公众号，增加粉丝关注。当然，不要单独发公众号和二维码，最好配上精彩的内容，这样人们才会愿意去关注你的公众号。

④微信小号推广。具体可以申请一批微信小号，然后通过"漂流瓶""附近的人"等功能来搜寻并添加微信好友，然后再使用这些微信小号向好友推荐公众号。这种方法需要耗费大量时间和精力，但优点在于操作简单，没有什么技术含量，适合所有人运用。

⑤线下推广。有资源的微店卖家也可以在线下推广，比如在自己的实体店，或是在朋友的实体店内张贴带有二维码的微店广告。甚至还可以大量印制宣传单，然后在大街上进行派发。

⑥活动推广。基于活动的推广可以分为线上活动和线下活动。线上活动方式很多，比如在微博上发起活动，关注公众号就有机会获得礼品。或者在公众号里发起活动，介绍朋友加入即可享有微店折扣等。线下活动其实和线下推广类似，让来实体店消费的顾客推广公众号，然后即可在店内享受优惠等。

⑦微信公众平台导航。现在互联网上有许多微信公众号做导航的，我

们也可以将自己的公众号提交上去，获得一部分粉丝。

使用微信公众号推广微店时，首先在申请公众号的时候，一定要取一个有创意并且和自己的经营内容有关的名字。名字是用户对你的第一印象，有创意的名字才能吸引人，而与经营内容有关联的名字才能吸引到更多潜在客户。

公众号推送消息有两种方式，一种是手动发送，另一种是群发送。手动发送是一对一的发送方式，可以根据不同客户发送不同的信息，优点是针对性强，没有次数限制；缺点是效率比较低。群发送是一次性向所有用户发送消息，优点是效率高；缺点是有次数限制。在实际推广中，微店经营者可以根据需要将两种推送方式组合使用。

促销管理

促销，是各类营销手段中最主要、最常用的一种方式，是利用商品的短期降价，或者是提供其他优惠，引诱消费者尽快做出购买决定。

无论是实体店还是网店，无论是品牌商品还是非品牌商品，我们总能看到各种各样的促销信息，各种打折、降价、赠品信息充斥于整个商品市场中。

在微店经营中进行促销，也是一种重要的推广方式。促销管理做好了，能够显著提升销量，但如果滥用、错用促销管理，就会造成反效果。

1. 选择哪些商品做促销

一般来说，微店的经营成本比较低，相应地，商品就有较大的利润空间，自然就能在商品价格上有更大的让步。但是促销并不等于要盲目促销，如果每件商品都搞促销，那就等于没有促销，而是全场低价甩卖。促销的目的是拉动销量，培养更多的忠实消费者，所以促销商品不是随便选择的，而要遵照一些原则（如图 6 - 5 所示）。

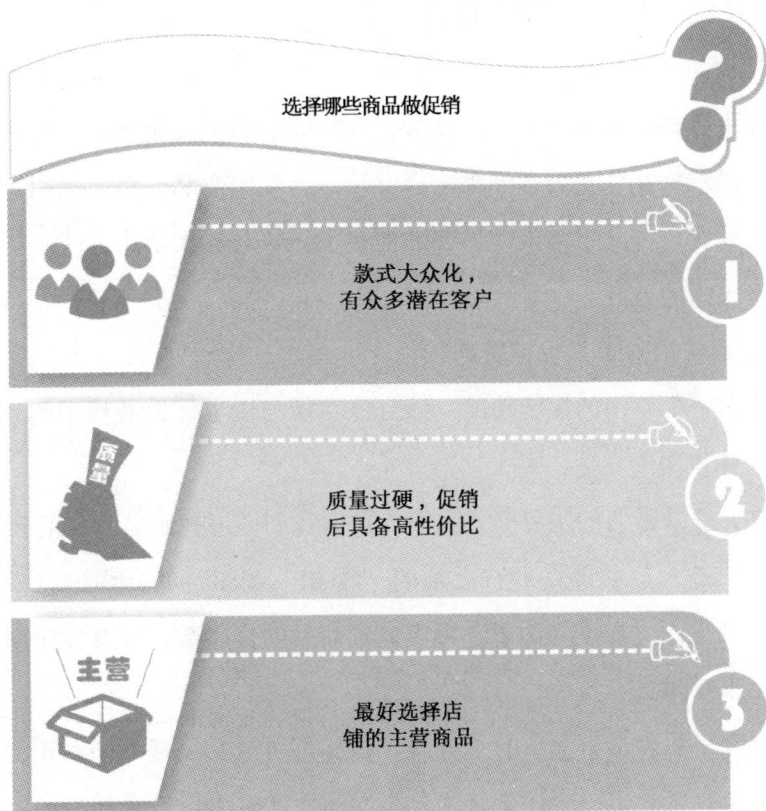

选择哪些商品做促销

款式大众化，
有众多潜在客户 ①

质量过硬，促销
后具备高性价比 ②

最好选择店
铺的主营商品 ③

图6-5 促销商品选择的原则

（1）款式大众化，有众多潜在客户

如果促销商品都是一些没有太多人喜欢的冷门商品，甚至是卖不出去的商品，那么即使价格再低，也没有太大的吸引力。这样的商品只能作清仓处理，而不能指望带来店铺流量和人气。

（2）质量过硬，促销后具备高性价比

虽然只是促销品，但也是店铺的门面，买了促销品的客户也可能成为回头客，甚至是成为忠实客户。如果促销品的质量不过关，滥竽充数，不仅难以培养忠实客户，甚至可能招致差评，不利于店铺的长久发展。

（3）最好选择店铺的主营商品

促销商品的种类最好和微店主营商品的种类相一致，或能形成搭配互补，这样更容易拉动后续销量。比如，你的微店中主要销售的是男装，但也有零零星星的几件女装，如果选择女装作为促销商品，那么吸引进店的大多是女性客户，就很难带动男装的销量了，这对壮大微店的主要消费群体并没有多大的益处。

2. 如何使用微店"促销管理"

微店有一个专门的促销功能，而且该功能与淘宝促销截然不同，很有微店的"味道"。

首先，登录微店的主界面，在第二页中我们即可找到"促销管理"模块，点击"进入"后再点击右上角的"添加"按钮，就会弹出"添加私密优惠"的界面，在该界面中，可以设置商品的折扣数，以及促销活动的开始和结束时间。

填写完毕后点击右上角的"完成"按钮即可成功创建一条私密优惠信息，此时会直接弹出一个社交软件分享界面，此时可以选择相应的社交平台来分享促销信息，而只有接收到该促销信息的好友才能享受到商品的促销优惠，没有接收到该信息的买家仍然是按照商品原价来选购。

运用这项功能，微店经营者就可以更精准地为老客户或忠实客户提供优惠，让他们感觉"有面子"，从而在保证利润的前提下进一步提升老客户和忠实客户的好感。

但如果我们想要进行更大范围的促销或者是更细化的促销时要怎么做呢？不妨通过商品改价来设计促销活动。比如，某一款商品做促销，在 3 天内降价 10 元，我们就可以直接将商品价格下调 10 元。当然，很重要的一点是，务必要在商品描述的首句中将商品促销信息表述出来，明确地告知买家商品的促销幅度、促销时间等信息，这样才是一次真正的促销活动，否则只是商品降价。

许多微店店主都知道促销的作用，但是并不能准确地把握促销的时机，促销商品的选择，促销的幅度应当如何设置。其实，想要把握住这些内容，店主首先要明确促销的目的是什么。

总结各种促销活动的动机，其实不外乎五大类：为了提高知名度；为了提高销量，增加短期利润；为了清理库存；为了打造新的热销商品；为了维护老客户，吸引回头客。而不同的促销目的也相应地催生出了不同的促销商品、时机和力度。

如果是为了提高知名度而促销，那么就不能只是为了更多地卖出商品，促销的力度不是最重要的，更重要的是促销商品必须要足够好，足够有特色，这样才能让买家对你的微店印象深刻。仅仅是依靠便宜的价格，是很难将微店的名气打响的。

如果是为了提高销量，增加短期利润而促销，对于促销的力度的把握就尤为重要。促销力度过大，很难获取利润；促销力度过小，又很难显著地提升销量。所以在促销前，店主要先制定一个明确的销量目标和利润目标，通过销量预估和利润测算来确定具体的促销力度。

如果是为了清理库存，那自然是卖得越多越好，有时甚至会亏本促销。不过，经营微店时一般不会有库存成本，需要清理库存时，往往是需要换季的商品或者是快到保质期的商品，尤其是有保质期的食品，如果不能及时销售出去只能承受完全的损失，既然如此，还不如低价销售，尽可能地减小损失程度。店主在低价促销的时候，也要考虑到买家的心理，未必促销力度越大，销量就会越高。商品价格过低也会让买家产生警戒心，认为商品质量有问题。

如果是为了打造新的热销商品，选款就十分关键了，一定要选取较为大众化的款式，这样才能有销量保证。如果仅仅选择一些有特殊爱好群体的商品，即便是商品再好，也很难获取轰动效应。商品的质量和价格自然很重要，但是只有商品非常大众化才有可能热销，如果买家没有需求，性价比再高的商品他们也不会感兴趣。

如果为了维护老客户，争取回头客，店主首先要做好调查和统计，总结出老客户购买的哪种商品最多，然后根据结果来选择促销商品。其次，除了价格的优惠，还可以加强与老客户的沟通和交流，建立更深层次的信任和互动，可以令促销活动取得更好的效果。

想要举行一场效果绝佳的促销活动，必然要围绕促销目的来进行，同时也要建立在目标消费群体的心理需求基础上。每一位消费者都希望能买到物美价廉的商品，这点没错，但是除了客观的理性选择，主观的消费心理影响同样非常重要。

3. 微店促销的原则

无论是在什么时间段促销，选择哪种商品促销，或者是促销力度如何，都要遵照一定的原则。按原则促销，才能使促销活动不失控，为微店的良性经营带来益处。

（1）促销成本预算在控制范围内

对于每一次促销活动，微店经营者都要有明确的成本规划，一定要确保促销活动在自己的承受范围内，在自己的控制中。如果策划了超出自己能力的促销活动，促销越是火爆，就越是会对微店的现金流造成损害。所以，无论是低利润促销还是亏本促销，我们都要事先有一个成本规划并按照该规划来执行，不能只是做着一本"糊涂账"。

（2）促销幅度具备一定的吸引力

如果促销价格和以往相比差距不大，就很难吸引买家光顾。这件商品之前卖100元，促销后卖99元，这样的力度很难称为促销。所以，在促销时，微店至少要给予1折以上折扣度，如果商品没有足够的利润空间，就不要随随便便地搞促销。

（3）促销信息传播到位

促销活动本身是不会传播信息的，如果你策划了一场促销活动后就坐

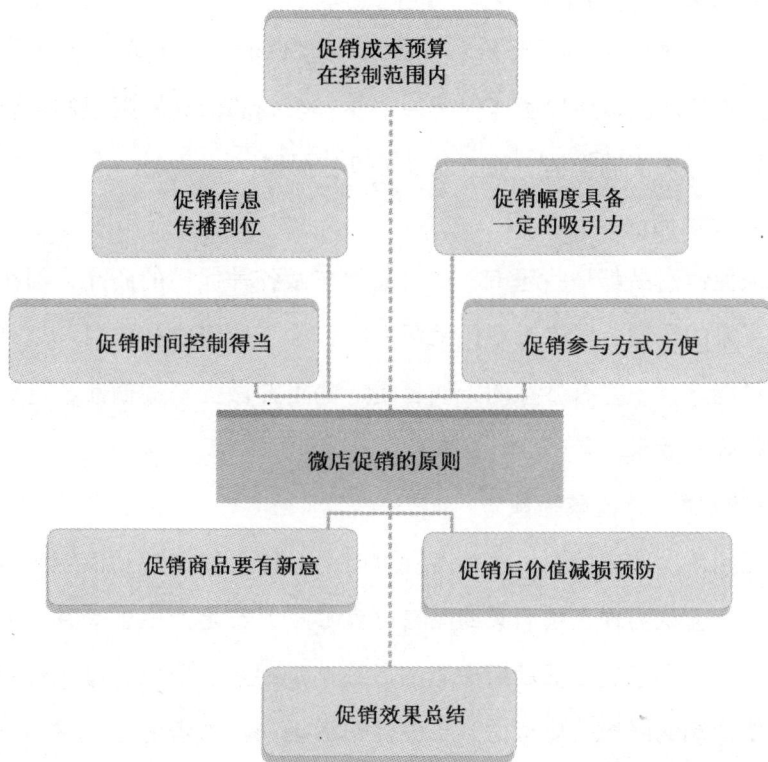

图 6-6 促销的原则

等买家光临，这样的促销活动是不会取得好效果的。所以，在策划促销活动之时，要学会利用各种信息传递渠道将促销信息传播出去，让尽可能多的潜在消费者得知促销信息，这样才有可能拉动店铺流量。

（4）促销参与方式方便

现代化的生活越来越方便，而现代人也变得越来越怕麻烦，如果要参与你的促销活动，需要费九牛二虎之力，而你的促销力度又没有那么高回报的话，估计绝大部分人都不愿意为此付出相应的时间成本。所有的买家都是精明的，所以促销活动一定不要增加什么附加条件，你降价，客户掏钱购买，越简单越好。

（5）促销时间控制得当

促销就是靠着短期的降价和优惠吸引客户消费，让客户关注你的店铺、关注你的商品。所以微店促销一定要有明确的活动期限限制，要适可而止，如果每天都搞促销，那么就等于没有促销。

（6）促销商品要有新意

如果促销商品都是些超市、商店经常在做各种促销的商品，那么也很难吸引买家的注意。所以策划促销活动时，除了特定的必要目的之外，我们要尽可能选择一些有新意的，或者是一些不常做促销的商品，这样会更容易取得好的效果。

（7）促销后价值减损预防

在促销活动结束后，一些消费者可能会对错失促销活动而感到苦恼和懊悔，他们会认为现在去购买商品自己就亏了，于是产生了一种负面的购买情绪，这不利于促销活动后微店的后续销量跟进。所以，微店经营者在策划促销活动的时候，要考虑到错失促销活动的消费者的心理平衡，一次促销活动的时间缩短，然后增加活动的举办频率，让买家即便错失了一次活动也能很快地赶上下一批。

（8）促销效果总结

促销活动结束后并不代表促销工作的结束，进行及时的总结是很有必要的。如果没有进行系统性的总结，我们也许就无法得知这次促销活动有没有偏离最初的目标，有没有取得很好的效果，这样自然无法得知这次活动是成功的还是失败的，在进行下一次促销时，可能又是无的放矢，变为一场盲目的活动。相反地，及时进行活动总结，即便这次促销活动是失败的，我们也能找到失败的原因，从而进行改进，保证下一次的促销活动取得好的效果。

店长推荐

现在无论是实体店还是网店，店主为了吸引消费者的眼球，或是增加销量，都会搞一些特价促销商品或者是热卖商品。而在这些商品中，有些还会标上"店长推荐"的字样，以告诉消费者这件商品是最热销或者最实惠的高性价比商品，以此来进一步促进销售。

微店也有"店长推荐"的功能，用好该功能，能向消费者凸显出本店当前的主打商品，吸引消费者的注意，以达到本店阶段内的销售目标。

1. 店长应该推荐什么样的商品

身为微店的经营者，在做店长推荐之前，一定要先对自己所经营的商品有深刻的了解。了解每种商品有哪些优点和缺点，性价比如何，受众范围如何，只有先了解这些内容，店长才能做好推荐。

如果你对自己经营的行业和商品了如指掌，那么你可以根据自己的认识来推荐商品。比如你在微店上销售服装，自己进的货中哪一件是今年的流行款式，就推荐哪一件，你觉着好看的、流行的，就做出推荐。这种推荐方式一定要站在客观的角度上，听从自己内心最真实的声音，而不是为了提高某种商品的销量而违心地做出推荐。

此外，也可以根据消费者的喜好来做出推荐。如果你经营微店已经小有时日，那么对于一些老客户、回头客的喜好一定会有所了解，根据他们的喜好来做出推荐，能够更有效地促进销售。

店长推荐的商品一定要是有特色、有代表性、有新意的。价格不是关键，店长推荐的商品可能是高价的，也可能是低价的；可能是名牌，也可能不是名牌。关键是商品本身要有足够的吸引力，外在的标签是什么并不重要。

2. 如何使用微店"店长推荐"

想要在微店中使用"店长推荐"，首先进入"我的微店"模块，想要推荐哪一款商品，就点击该商品下方的编辑按钮进入"编辑商品"的界面，在该界面的最下方即可找到"店长推荐"的选项，点击右方的按钮出现"√"形记号，再点击右上角的"完成"即可完成设置。

现在，进入店铺预览界面，在刚刚设置好"店长推荐"的商品图标左上角即可看到"推荐"的字样。

"店长推荐"适用于微店中的每一件商品，但是却不能滥用此项功能，如果满满一个微店中的商品全部挂着"推荐"的字样，别说不能取得好的营销效果，恐怕还很容易引起买家的不满和怀疑。

3. "店长推荐"的原则

"店长推荐"功能不能滥用，那么做好"店长推荐"应当遵循哪些原则呢（如图6-7所示）？

（1）推荐商品要有明确的受众群体

店长推荐的商品不必像促销商品那样要有非常广的受众群体，但也不能太过冷门，一定要针对某一类有特殊喜好和需求的消费者，这样，"店长推荐"才不会成为摆设。

（2）推荐商品要有确切的推荐理由

每一件店长推荐的商品都要有推荐的理由，这个理由可以是这件商品是新品，这件商品性价比高，或者是这件商品正在优惠促销，这件商品近期正在热卖，等等。无论是多小的由头，都可以作为推荐理由，但必须要有原因。

推荐理由可以在商品描述中简要地写出来，也可以不写，但这样的商品一定要有鲜明的特点，能够一下子抓住消费者的目光，让消费者通过外在观察就能了解到"店长推荐"的理由。

（3）同样种类的商品只推荐一种

同样种类的商品最好选择最有代表性的一种做推荐，而不要选两种甚至两种以上看起来差不多的商品同时做推荐。比如，你在微店中主要经营面包，同时销售果酱。那么做推荐时，就可以从面包和果酱中各选择一种代表性商品标注上"店长推荐"，而不要只推荐面包或只推荐果酱。

（4）推荐商品要有充分的宣传

店长推荐的最终目的是为了有利于微店经营，为了能够使我们推荐的商品成为热销商品，因此，标注了"店长推荐"的商品就要利用各种社交平台将其迅速地推广出去，让更多的潜在客户看到商品信息。同时，店长推荐的商品也是宣传本店的一个由头，避免了千篇一律的推广内容。

（5）推荐商品的销量要有及时的统计

对于标注了"店长推荐"的商品，店长要及时准确地统计商品的销量，通过分析商品销量就可以得知该推荐商品有没有像预想中一样成为热销商品。如果销量一般，就要分析原因，是商品选择有问题，还是推广力度不够，找到原因后就能在下一次做出更准确的推荐。

图6-7　"店长推荐"的原则

在做"店长推荐"时遵循这五个原则，就能避免乱推荐、滥推荐的误区，而且能帮助微店经营者不断锻炼挑选商品的眼光，最终达到"推荐就热卖"的经营境界。

第七章　运筹帷幄——提升微店的营销业绩

"运筹帷幄之中，决胜千里之外"。这是对于有才智的人的至高褒奖，是一种大将之风的体现。经营微店，同样要具备这样的头脑，具备这样的大将之风。

微店作为一个虚拟店铺，绝大多数交易中的绝大多数环节都是在线上完成的。我们可能从未真正接触过消费者，也很难像经营实体店一样走街串巷地去宣传推广。如何足不出户，利用小小的手机，利用各类社交平台来进行宣传推广，是提升微店营销业绩的主要途径和方式。

营销砝码

微店销量的提升，业绩的提升，归根结底还是要靠营销。只有营销，才能更快地传播微店信息；只有营销，才能获取更多的潜在客户。

传递信息和获取关注，这是微店营销的两大目标，达成了这两大目标，就不愁没有销量。互联网的普及和发展为营销提供了越来越多的方式和平台，作为互联网商业模式的"尖兵"，经营微店自然也要运用好各类网络营销砝码，为自己带来效益的提升。

1. 砝码一：微信

微信自然是微店的主力营销工具，原因之一就是微信本身是一个极其方便的社交工具，有着广泛的使用群体，做营销，自然就要选择流量最大的工具来进行。另一个原因是微店与微信平台联系最紧密，无论是腾讯自主推出的微信小店，还是第三方推出的各类微店 App，或多或少都会有一些功能嫁接到微信平台上。使用微信，可以最方便地对微店进行营销工作，最全面地使用微店的各项功能。

微信的营销方法很多，根本上还是要持续不断地进行朋友圈互动交流，而不是时不时发布一些乏味的广告，这样只是一种对微信朋友圈的骚扰。

扩大微信好友的规模，壮大微信朋友圈也有很多种方式。简单的方法，可以利用"漂流瓶""微信摇一摇""附近的人"等功能，寻找并添加新的好友，但是这种方法的效率比较低。更有效率的方法是打造一个高人气的微信公众号，吸引用户主动的关注。

2. 砝码二：QQ 群

QQ 是我们较早使用及普及开来的互联网通信工具，所以，用户数量是有绝对保障的。而且我们的 QQ 好友或 QQ 群都经过了多年的交流，在潜在客户数量上和亲密程度上都有一定的保障。

QQ 群一般都是根据某一共同的目的、爱好、兴趣等元素而建立起来的，所以 QQ 群成员都有一些共通之处，大部分都隶属于同一消费群体。所以，使用 QQ 群做营销，不仅针对性强，而且见效很快。

当然，在 QQ 群中做营销也不要直接就发送商品或微店链接，或是发布一些广告味道很重的宣传语。如果你是一个 QQ 群的新成员，这样做的结果很可能是很快就会被群主扫地出门。即便你是老成员，群成员对你有一定的信任和了解，这样做也很容易招致成员的反感。

一些 QQ 群本身就是为商业目的建立起来的，比如，一些小的零售店主组合起来建立的 QQ 群，群中会经常发送大量的商品信息，或者是相互之间交流经营心得。在这样的 QQ 群中虽然直接发布广告不会引起反感，但最好也不要这样做，因为在海量的商品信息中，你所发送的信息可能会就此被淹没，根本就没人能注意到。

在选择作为营销平台的 QQ 群时，我们一定要选择有消费意愿的 QQ 群。比如，你在做时尚服装，就可以选择一些讨论时尚的 QQ 群，或者是一些喜欢流行电影、电视剧的 QQ 群，都有可能取得不错的成果。但如果选择老年人交流钓鱼心得、保健心得的 QQ 群，必然不会取得什么效果。

3. 砝码三：微博

如果说微信更多的是一种个人与个人之间相互沟通交流的社交工具，那么微博就是一种个人对大众的自媒体工具。

微博比微信诞生得更早，而且普及速度也非常之快，每天拿起手机刷刷微博已经成为许多人的"例行公事"。微博和微信乍看很相似，但实际上又完全不同，两者之间并没有功能的重复或干涉，所以有许多人会在玩微信的同时刷微博。

微博营销的关键就是要有数量多且活跃度高的粉丝群，只有有了粉丝的支持，你所发送的内容才能得到大规模地转发、评论与传播，你所发送的内容才更容易受到关注，你的微店也就更容易获得人气。

当然，想要获取一个高活跃度的粉丝群并不是一件容易的事，需要你长期不懈的努力，不断地发表好的内容，这样才能吸引更多人关注你的微博。好的微博内容首先要新，以热点新闻、热点事件作为切入点才更容易引来关注。其次，微博内容要有创意，最好能营造出只属于自己的特色，在语言风格、叙事方式上都应该做到与众不同。最后，微博内容要及时更新，再好的内容，看多了也就乏味了，及时更新内容不仅能始终维持粉丝的新鲜感，还能让粉丝每天都充满期待。

如果你有玩微博的经验，并且微博小有人气，那么就应当坚持更新和运营，将其应用到微店的宣传推广中，不要错过这个有力的营销资源。

4. 砝码四：陌陌

陌陌是一款基于地理位置的移动社交工具，你可以通过陌陌认识附近的人，免费发送消息、语音、照片以及精准的地理位置和身边的人有更好的交流。还可以使用陌陌创建和加入附近的兴趣小组、留言及附近活动和陌陌吧，丰富自己的社交圈。

陌陌凭借自身的特色，在微信的强大攻势下也成功开创了自己的一片天，陌陌利用的就是人们追求新鲜、追求刺激的心理，利用人们想要建立新的朋友圈的愿望。而且，陌陌能够提供真实的地理信息，这从一定程度上也保证了安全性。

陌陌的营销方式可以参考微信，只不过，微信好友大多是一些已经具备关系基础的，而陌陌更多的是完全陌生的好友。所以，在陌陌上进行微店营销，要更加谨慎地操作，不能没聊几句话就向对方发送商品信息。如果你碰到这样的人，你还敢跟他聊吗？还愿意跟他聊吗？

陌陌上想要进行直截了当的推广并不容易，需要我们耐住性子一点点地经营。我们应该将陌陌作为一种营销平台的替代和补充途径，而不是从一开始就打定主意要在上面发掘出多少意向客户。

5. 砝码五：论坛

论坛营销就是利用论坛这种网络交流的平台，通过文字、图片、视频等方式发布产品和服务的信息，从而让目标客户更加深刻地了解企业的产品和服务，最终达到宣传品牌和商品，加深市场认知度的目的。

论坛的诞生可谓由来已久，从最初的 BBS 转变为现在形式的论坛，经过了多年的发展，所以，论坛上的各类营销活动网友早已见怪不怪。

论坛大致可以分为两类，一类是综合性论坛，另一类是专题性论坛。我们在做微店营销时，最好选择专题性论坛，因为这样更有针对性，更容易找到意向客户。

想要使自己在论坛上发表的内容有更高的关注度，需要自己使用的账号有一定的名气，这就需要长期稳定地发帖、回帖，而且一定是有营养的内容。这样才能尽快地积累名望，成为论坛的核心成员。

在发送营销内容时，标题一定要醒目，这样才容易吸引更多的人关注，可以自己注册一些"马甲"账号，或是找好友来做一些精彩评论，更容易炒热帖子的气氛。

6. 砝码六：贴吧

贴吧是百度旗下的产品，是全球最大的中文社区。贴吧是一种基于关键词的主题交流社区，它与搜索紧密结合，准确把握用户需求。截至2014年年初，贴吧已拥有10亿注册用户，810多万个兴趣贴吧，日均话题总量近亿，浏览量超过20亿次。

贴吧的活跃程度显而易见，而且贴吧定位明确，我们可以准确地搜索到想要寻找的可能对我们的商品感兴趣的客户群体。

贴吧营销和论坛营销类似，也是通过发帖的方式来推广信息，所以可以按照相同的思路来操作。贴吧也有等级设置，等级越高，表明你在贴吧内越活跃，在发帖时也就更容易调动网友来参与讨论。等级的提升，也是需要长期的发帖、回帖来保证的。

最新回复的帖子会被自动刷新到首页上端，所以，在我们发布了营销信息之后，可以用小号定期地做出回复，避免帖子沉下去。一个帖子一旦一段时间内没有回复、没有人气，想要再炒热起来就很困难了。

7. 砝码七：地方门户网站

地方门户网站是指以围绕"地方信息"为网站核心，提供有关互联网信息服务的地方综合网站系统，其具有很强的地方属性。一般地方门户网站包含新闻资讯、招聘、求职、二手、房产、交友、地方特产、招商、旅游等具备地方特色，同时又与生活息息相关的信息频道，有着很强的功能性。

有许多微店，绝大多数生意都是集中在本地或者是相近的地区，所以，专门针对本地网民的地方门户网站可以成为一个很好的营销平台。而且，地方门户网站本身就是一个提供各类商品信息、服务信息的网站，在这里做营销不必拐弯抹角，直接发送商品信息和微店信息也不会招致反感。微店经营者只要想着怎样将自己的商品信息或是微店信息做得更吸引人便可以了，有需求和兴趣的网友自然会主动关注你。

8. 砝码八：淘宝网

微店和淘宝网，是电子商务的两个不同方向，两个平台之间不应该成为单纯的竞争关系，而是应该加强互动与合作。

有一些微店商家是实体店与微店同时经营，或者是淘宝店与微店同时经营，那么就可以在不同的平台间互相推广，这样能显著扩大影响范围。

使用了"淘宝一键搬家"功能的微店店主，淘宝店和微店的经营内容几乎是完全一致的，在淘宝上，他们主要做来自五湖四海的陌生人的生意，而在微店上，则主动向好友推广，做朋友圈生意。

有淘宝店的卖家，本身就具备一定的信誉保障。如果你的淘宝店评价很高，那么微店也就很容易获取人们的信任与认可。而且，人们会认为，你有淘宝店经营成功的经验，那么经营起微店来自然不会差，不会去想着"坑害"消费者。

如果你没有淘宝店，那么可以去寻找正在经营淘宝店的朋友来获得帮助，如果你朋友的淘宝店和你的微店能形成商品互补效果那就更好了。经营淘宝店的朋友，对淘宝上的各类推广手段肯定得心应手，只要你将要推广的信息或链接发给他，之后可以全权交给他来处理。而且，他的淘宝店本身一定积累了一些客户资源，如果他主动向自己的忠实客户做出推荐，那么买家就会毫不犹豫地到你的微店中看一下。

9. 砝码九：人人网

人人网是由校内网转变而来的，最初主要是大学校园的学生相互交流沟通的工具。后来人人网跨出了校园的范围，给不同身份的人提供了一个互动交流平台，社会上所有人都可以来到这里，提高了用户的基数和相互之间的交流效率。其通过提供发布日志、保存相册、音乐视频等站内外资源分享等功能，搭建了一个功能丰富高效的用户交流互动平台。

人人网至今仍有很高的人气，尤其是一些从大学校园走出来的网友，可能至今还保有每天上人人网的习惯。所以，选择人人网作为营销平台时，最好能够先选择对象，一般，目标消费群以在校学生或刚离开校园不久的人为主的话，就可以在人人网上加大营销力度。因为，这些人群对于人人网的使用频率很高，情感也很深。

10. 砝码十：暖心短信

如果你与某些朋友圈好友的关系较为亲密，那么每逢重要节日时，可以向对方发送一些祝福短信，不仅能拉近双方的关系，也能让对方时刻记着你。

每当节假日的时候，可能都是微店展开促销活动的时期，此时就可以将促销活动与暖心短信结合起来，以此来向好友推送商业信息。在编写信息内容时，仍要以一些问候和关怀为主，只在短信的结尾处简要提及微店中的新商品或新活动。

除此之外，当环境转变时，也是我们发送暖心短信的好时机。比如最常见的，当临近秋季和冬季的时候，经常会有经营服装的卖家向消费者发送关怀短信，提醒消费者天气转凉了，要及时多加衣服预防感冒，然后再提出自己店里新到了一批秋装或冬装，请消费者关注。这样做就比直接推送新品信息要自然得多。

重大事件的发生，也能成为发送暖心短信的契机。比如，当某种流行病开始肆虐时，就会有商家发送提醒消费者注意健康、注意卫生的短信，然后推销自己的口罩、消毒液等商品。还有，夏季是各类事故的高发季节，比如某段时间火灾事故频发，经营消防设备的商家就可以以提醒消费者注意火灾为由推销自己的商品。

使用暖心短信做推广，应该抓住正确的时机，以关怀、问候为主，商品信息只是作为一种附加。这样做，才是真正的暖心短信，如果主次颠倒，那么就变成了广告骚扰短信。

微店的运营精髓

既然微店是一个全新的电商平台，有着自身与众不同的特色，我们在经营中就应当抓住这些特点，进行深度挖掘，不断优化，将这些特色打造为吸引消费者的优势。微店的运营精髓，简单总结为两部分，一部分是不断提高微店店主自身的经营能力，另一部分是不断加强与客户的关系。

微店的本质还是一家店铺，必要的经营管理是少不了的，经营好了，才能为商家带来利益，商家有了利益，才有能力为客户提供更好的商品和服务。客户关系的培养和维护对于任何形式的店铺或企业来说都是很重要的，但是微店对于客户关系的依赖程度要远超其他的商业形式。可以说，微店经营，没有关系就没有业绩。

1. 做个"邻家"微店主，提高信任度

微店是一个新鲜事物，而你呢，也只是一个新手微店店主，想要让你的朋友圈客户一进入你的微店就有一个很高的接受程度是很不现实的，这需要一个循序渐进的过程。

首先，卖家自己应当先行完整地体验一下微店上的整个购物流程，这样，在买家询问相关问题的时候，我们才能对答如流，而不是让自己看起来完全是一个门外汉。很多人可能对微店都不了解，或者对微店存在一些误解和怀疑，只有你自己先打消这些疑问和怀疑，知其然知其所以然，才有可能说服客户去相信它。

在没有生意的时候，也不要冷落这些潜在客户。做生意的时候，我们是商家与顾客的关系，不做生意的时候，我们就是单纯的朋友关系，这样的关系，才是微店经营中理想的客户关系。而朋友关系的建立和巩固，就需要我们日常生活中"不厌其烦"地相互交流和沟通。一些看似没有多大意义的寒暄和招呼，长久积累下来也能成为一条友情的纽带。

微店经营者还要善于展示自己，平时在经营之余，可以积极地将自己的生活片段分享到微信朋友圈，晒一晒自己的幸福、尴尬，让自己的朋友圈多了解一下自己是一个怎样的人，这样，他们的心中才不会将你当作一个不知真面目的经营者，而是一个真真实实的朋友。做到了这一步，就不用再担忧这些潜在客户对你不信任了。

我们也可以成为一个"唠叨"的好邻居，有重大事件发生时，及时在朋友圈里转发。有安全事故发生时，就在朋友圈里提醒好友们多加注意，等等。不要让朋友圈变得冷漠，多一些温情，才更容易滋生信任。

2. 满足用户需求，提供个性化服务

用户的需求总是千奇百怪的，对于商家来说，满足这些需求是一项巨大的挑战，同时也是经营成果的关键。

在商品同质化的现在，服务成为不同的商家展现个性、相互竞争的有力武器。一些贴心的小服务可能用不了多大的成本，但是却能给买家留下一个好印象。

就拿我的一个朋友来说，她曾经在一家微店中买了一些羊绒线，事先也没有和卖家做很多交流，只是觉着价格挺公道就直接拍货付款了。后来货到后，她发现卖家在原来货物的基础上赠送了护理刷、护理液、织衣针等物品，而且卖家还通过微信向她发送了许多羊绒线在织衣和护理上的一些小技巧和注意事项。卖家无微不至的服务让她对这家微店"死心塌地"，从此成为了一名忠实的客户。

所以，提供服务的关键不在于你花了多少钱，付出了多少时间和精力，想买家之所想，甚至连买家不了解的，没有设想到的情况都提前做出预案，这样才会让买家感到满意。而且，在提供服务的时候，最好不要提前告知买家，一旦让买家提前得知了，他们对这项服务的感知度就会下降，就会觉得这项服务是理所当然的。事前不透露风声，然后悄无声息地把服务做好，这样就会让买家喜出望外，利用这种逆向的落差心理来给买家留下更深刻的印象。

3. 互动是关键，调动积极性

微信产品总监曾鸣说过："微信不是营销工具。"这句话曾在众多网友间引发了不小的争论，确实，越来越多的商家注意到了微信潜在的商业价值，各类营销层出不穷。而微店的出现更是强化了这一现象，将营销的主体从企业又进一步发展到了个人。所以，现在对网友说，微信不是营销工具，也难怪不同观点的网友会由此展开争论。

先不说这句话产生的目的和原因是什么，也许微信确实不是营销工具，但微信被广泛地应用于营销却是不争的事实，所以现在去争论微信的本质显然意义不大。

但是，我认为，用传统营销的那种套路去应用微信营销，确实有些欠妥。如果仅仅将微信作为宣传信息的方便渠道，那么根本无法发挥出微信的真正价值。微信营销的关键应该在于互动，而不是单向传播。以微信作为依附平台的微店，在宣传中、在经营中，也应当坚持这一原则，强调互动，强调积极性。

那么，如何做好卖家与买家双方的互动呢？具体可以从以下两方面进行（如图7-1所示）。

（1）向用户推送消息

不少商家在通过微信或是微信公众号向潜在客户推送消息时，往往会选择以下内容：商品信息、优惠信息、抽奖信息等，这类单向的、仅仅是为了提高销量而编写的内容很难引发互动。用户看到商品或促销信息，了解了相关内容，交流就到此为止，用户根本就没什么可说的或可回复的。

但是，如果多发一些产品的使用技巧，或是用户的使用体验的话，情况就会有所不同，其他用户可能会借机分享自己的一些产品使用心得，或是使用体验等，围绕这个话题就能顺利开展一场讨论。

如果你每天发送的都是一些乏味的、用户不感兴趣的内容，那么久而

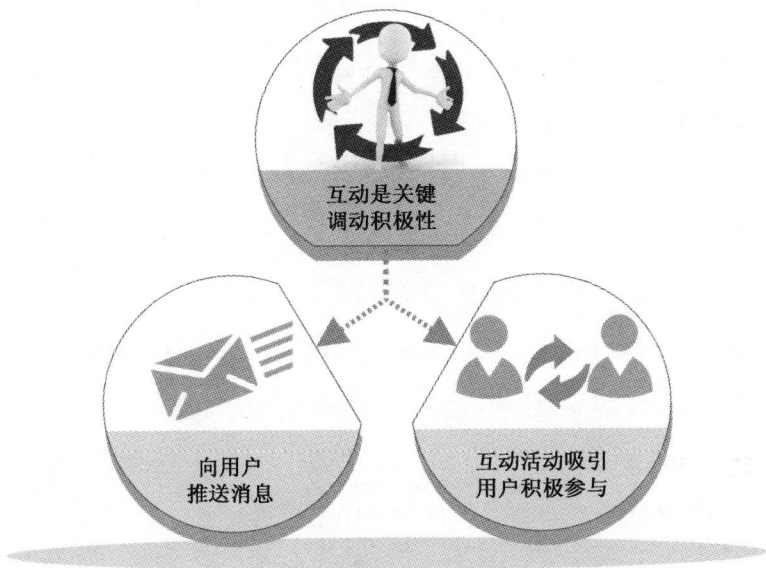

图 7-1 卖家与买家的互动

久之，用户就会对你的公众号、对你的微店感知度越来越低，最终，就会在用户的视野中完全消失。

（2）互动活动吸引用户积极参与

微信本身就十分注重用户之间的互动，因此提供了许多方便的活动形式。比如，365 微信管家就提供了大转盘、刮刮卡、优惠券、猜歌等多种活动方式，经营者可以根据喜好适时地发起一些活动吸引用户的参与。

有了活动的运营工具，进行活动策划也很重要。开展活动之前，我们要先了解大多数用户的喜好，选择他们乐于参与的活动方式。在确定活动相关内容后，要进行全方位的宣传，尽可能吸引较多的用户参与到活动中来。

通过设置多重奖品来刺激更多人参与，奖品要有一定的吸引力，这样用户才会有热情和耐心参与活动。奖品不要只设置单项的大奖，还可以设置一些参与奖，尽可能地扩大活动的参与基数。

对于参与活动的用户可以进行二次分组，每个参与的用户都可以根据其基本信息，按照性别、年龄、地域等要素进行分组，有利于商家进行后续的二次营销。

活动可以抓住节日或热门事件来开展，相互结合更容易引起用户的响应和参与。比如，在元宵节期间，商家就可以举办"猜灯谜赢大奖"的活动，具有由头的活动绝对要比凭空举办的活动更有吸引力。再比如，微信路况曾开展了"微信晒罚单，送祝福"的活动，这样有创意的活动就很值得我们学习。

由于微信的互动是隐秘的，所以特别适合设置一些有奖竞猜的问题，一位用户回答正确不影响其他用户继续作答，然后通过所有问题的答案来统计各个参与者的积分，总积分较多的即可赢得大奖。

要注意活动参与的便利性，尽量全部设置选择题，让用户用选择的方式来参与作答，这样更节约时间，有利于提高活动的活跃程度。不要让用户去自主输入答案，这样不仅不方便用户参与，也不方便我们核对正确答案。

你所能提供的商品和服务，实体店和淘宝店也许都能做到，但是与潜在客户进行积极的互动，却是他们无论如何也难以模仿的。正所谓，经营中要扬长避短，既然互动是微店的强项，我们就应当抓住这一点作为微店最强大的经营工具。

4. 灵活运用多种营销方式提高销量

微店的营销方式很多，我们要根据自己的现有资源和微店的经营需要灵活地选择营销组合，以取得最佳的营销效果。

不要试图所有的营销方式都进行尝试，你根本没有那么多的时间和精力。任何一种营销方式，也许刚入手时都不是那么困难，但想要真正地做好却绝非易事。如果对每一种营销方式你都去做出一定的投入，可能到最后也没有一件能够拿得出手的"营销王牌"。

比如，你的 QQ 空间一直设计得很好，有许多好友经常关注，那么你就可以将 QQ 空间作为主要宣传方式之一。但如果你一直没怎么摆弄过 QQ 空间，为了微店营销需要才去学习，才去布置内容，然后还要慢慢地吸引好友关注，这显然不是有效率的做法。与其在上面花费时间和精力，不如直接通过微信推广，更加直接便利。

所以，营销方式的选择，准则之一就是找到自己的长处，你的微博粉丝多，就去做微博营销，你的微信好友多，就去做微信营销，或者几种方式相互结合。如果某种营销方式你从未接触过，一丁点都不了解，那么不要轻易地去尝试，先将时间用在自己有优势的营销方式上，等有空闲、有余裕时再去研究新的营销方式也不迟。

选择营销方式的另一条准则就是根据客户的特性进行选择。如果你的潜在客户群很少有人去刷微博，那么你去大力做微博营销可能就取得不了立竿见影的效果。也许微博营销能在后期为你带来一些新的客户资源，但在微店经营初期，这种迂回的做法并不适合我们。所以，潜在客户群经常使用什么交流平台，经常逛哪些网站，我们就选择相应的营销方式。

营销方式本身没有好坏之分，灵活选择适合自己的营销方式才是最佳的选择。

5. "铁粉"涨涨涨

微店的经营，和微博、微信的经营有相通之处，都是一个增加粉丝的过程。粉丝多了，粉丝活跃了，就有可能自然而然地转变为客户。

粉丝的数量固然重要，但经营中粉丝的活跃度往往对我们有更大的意义，如果粉丝之间根本没有互动与交流，那么数量再多也没有多大用处，只会让微店或微信看起来形同一潭死水。有时，宁可缓慢增长粉丝数量，也要始终保持粉丝的活跃度。现在有许多收费代为刷粉的个人或团体，通过这种方式增加的粉丝对我们根本没有任何作用，只能是永远沉默的"僵尸粉"。

还有一些粉丝，只会交流回复一些客套话，或者是一些毫无营养的内容，这些粉丝也不会对活跃气氛产生多大的帮助，也是我们要尽量予以杜绝的。

我们需要的粉丝，必须是真正的"铁粉"，对于我们发送的信息有极高的响应度，并且能通过交流和回复带动气氛。微店店主就要成为一块"磁铁"，让众多"铁粉"能随着你的动作随时做出积极的反应。

粉丝的增长方案，我们可以参照上文中的公众号推广方案，通过各类宣传推广途径或是各种活动来寻求关注。但是，想要增加"铁粉"，最根本的还是要做出好内容。如果你微店中的商品质量或价格缺乏足够的吸引力，那么就不可能有忠实追随的粉丝。

在进行日常的沟通交流时，不要只是枯燥地推广商品信息，这种内容怎么能引来精彩的评论，怎么能带动活跃的气氛呢？所以，做内容时，要以生活、以知识、以新闻作为切入点，来导入我们的商品，这样的内容才有更多的话题，才能引发讨论。

比如，你在微店中经营各类粗粮杂粮，你在做日常宣传内容时就可以发布一些食用各类粗粮杂粮为健康带来的好处，或者是介绍一些粗粮杂粮的食用方法和烹饪方法等。其实，每一种商品都有说不完的故事，就看我们有没有心去想、去做。

有了稳定且活跃的粉丝群体，在我们发布新的商品信息时一呼百应，你还用担心商品没有销量吗？

6. 老客户一定要加强巩固

维护客户是经营中的一项重要工作，而且对于店铺的发展壮大有着各种直接或间接的促进作用。

有人曾做过统计，平均发展一位新客户的成本能够用来巩固五位老客户。获得了一位满意的客户等同于获得了 8 笔潜在的生意，而一位不满意客户的产生，就有可能使我们损失 25 个购买意向。

由统计资料可以看出，维护老客户不仅比开发新客户的成本更低，而且维护老客户的过程中往往能够更轻松地获取有购买意向的新客户。

就拿经营微店来说，想要获取一位新客户怎么做？我们可以通过各类宣传平台推广自身的微店，然后静待有意向的客户关注我们。也可以通过微信等社交工具主动寻找陌生人添加好友，但是添加完好友不等于找到了新客户，我们要经常和对方交流，获取对方的好感和信任，然后再向对方推送微店和商品信息。但即便对方接收到了信息，他们是否对商品感兴趣，是否有购买意愿，也是一个大大的问号，因为我们在加好友的时候看不到这些内容。

所以，经营微店时发展新客户是一个费时费力的过程，因为要获取陌生人的信任和认同很不容易。但通过老客户的关系来获取新客户情况就截然不同了。

只要我们服务好老客户，让对方感到你的微店商品很好，服务也很好，他们可能就会很乐意将你的微店信息分享到自己的朋友圈，甚至是直接推荐自己的好友到你的微店中消费。这种根据好友推荐而来的新客户不仅有着明确的购买意向，而且警戒心也比较低，绝对比我们自己发掘的新客户更容易成交。只要我们为新客户提供了好的商品和服务，让他们期待而来，满意而归，很快就能使新客户也发展为老客户。

既然巩固老客户有如此大的益处，那么我们在经营和日常交往中要如何去做呢？巩固老客户，主要可以从以下四点着手（如图7-2所示）。

（1）交情

如果你和客户的交情只限于商业，那么关系自然不会十分稳定，因为利益关系总是善变的。所以，在平时可以互相聊些工作、生活的话题，谈一谈共同的兴趣爱好，如果是同城好友，还可以线下约见进行一些娱乐活动。如果能达到这种交情，还怕老客户的关系不稳定吗？

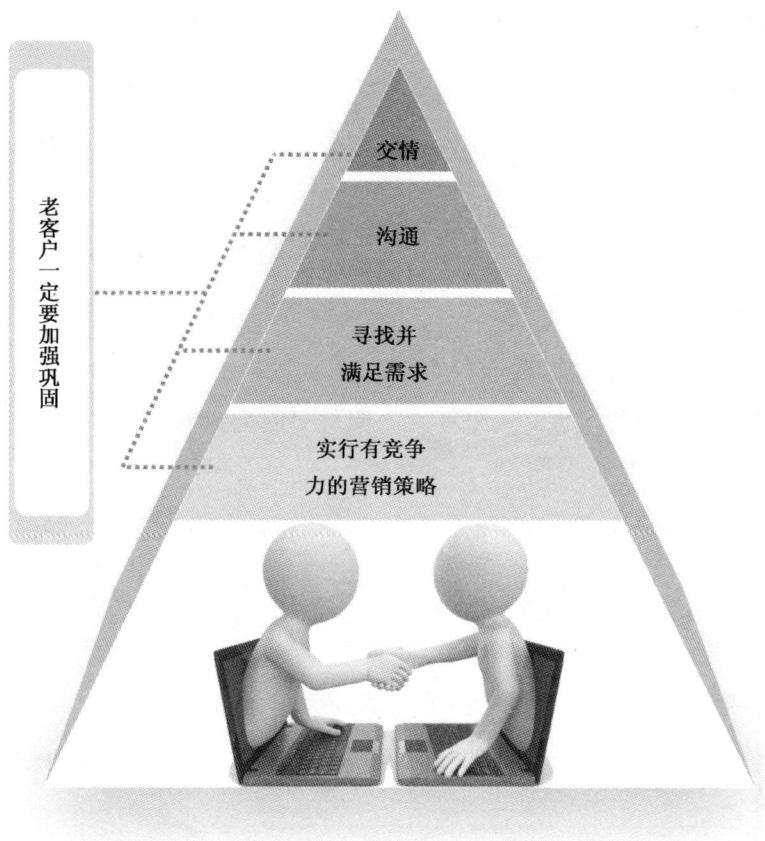

图 7 - 2　巩固老客户

（2）沟通

不要等到有生意了才去和对方沟通，不要等到有新货了才想到和对方沟通。如果你和对方沟通的缘由和话题只限于生意，那么你们关系的接点也就仅限于生意，随时有可能破裂。所以，交易前要经常了解对方的需求，交易后要及时跟进向对方了解商品的使用感受，平时可以多寒暄问一问对方工作或生活的话题，或者是主动说一说自己生活中遇到的趣事，关系就是在这一点一滴的闲聊中建立起来的。

（3）寻找并满足需求

老客户也不会仅仅因为关系就在你的微店中消费，他们之所以愿意购买微店中的商品，一定是因为该商品能够满足他们的某种需求。即使对同样一件商品，每个客户也许也会有完全不同的需求点，客户的需求点会随着时间的推移产生变化，所以，在日常沟通时及时发现客户的最新需求，并根据需求提供相应的商品或服务，客户自然会对你的微店感到越来越满意。

（4）实行有竞争力的营销策略

无论卖家经营哪种类型的商品，或多或少都会有同行与我们展开竞争，如果我们不能提供和竞争对手同等的甚至是优于竞争对手的条件，就不能指望客户能始终在我们的微店中消费。所以，我们要随时了解同行的资料，在价格、质量、服务等各个方面同对方做对比，有不足之处就及时改进，这样才能留住老客户，吸引新客户。

加强巩固同老客户的关系，最关键的还是要多走心、多交心，不要总用利益的眼光去看待老客户，而是要真诚地沟通交流，踏实地提供各类服务，这样建立起来的客户关系才是健康的、稳固的。

7. 强强联手

合作共赢是商业战场上永远不缺的话题，在行业之间的联系逐渐密切，竞争越来越激烈的当今更是如此。强强联手，不仅能为各自的发展提供资金、技术、信息、名气、品牌等众多促进要素，同时还能增加共同抵御市场风险的能力。

我们认识的朋友中，可能也有经营微店的，或者是经营淘宝店、实体店的。我们完全可以和对方取得联系，交流经营理念和心得。在各自的店铺中进行相互宣传，互惠共赢。如果双方之间的经营方向有共通或互补之处，我们还可以互相提供优质货源，在缺货时临时从对方那里提货，这能够为相互之间的经营提供许多便利。

可能我们现在还没有这种好友资源，但是在微店的经营过程中，随着经验的增加，交友范围的加大，商业关系的增多，我们一定会遇到有合作意向的商家。所以，在日常的经营中，应该注意多与各类商家打交道，同行、供应商、批发商，一切有合作意向，与我们的经营息息相关的个人或群体，都有可能成为我们强有力的支持力量。

8. 找批评，自我学习提升

争取全部好评，杜绝一切差评，自然是经营微店的目的和方向。但是，人无完人，我们不可能把经营中的每一件工作都做得完美无缺。不同的客户对相同的事物有着不同的看法，我们不可能始终都让所有客户满意而归。所以，对于差评，要放平心态，正确对待，而不能抱着"眼不见，心不烦"的心态来应对差评。如果面对差评不予理睬，甚至是对客户生闷气，那么差评永远只能是差评。而如果以积极乐观的心态应对差评，及时向客户了解给予差评的原因，尽可能地进行补救或是改正不足，让客户从差评变为好评，那么反而会为微店发展带来正能量。

处理差评的过程，正是我们进行自我学习，提升经营能力和客户管理能力的过程。

买家对你的商品、服务提出质疑和不满，不要总认为是买家故意找碴儿。微店交易毕竟不是实体店交易，不存在讨价还价的概念，交易已经达成，货也拿了，钱也付了，买家没有必要再去拿差评来"威胁"卖家。

还有，要格外注意好友提出的批评意见。记住，好友是不会轻易对你提出负面信息的，一旦他们提出了批评意见，那么就一定是最真实、最迫切的观点。

有了正确的心态，接下来就要学习应对差评的技巧。看到有买家给出差评，就主动私信对方了解具体的情况，语气和态度要平和，不要用怀疑或质问的语气。只要有了正确的心态，相信很多卖家都能做到在与买家的沟通交流中保持良好的态度。

在询问买家差评的原因后，卖家要尽力予以补偿，已经发表过的差评无法再取消，但是我们可以促使买家后续给予积极的评价。就像一位餐厅店主说的："我无法保证我的饭菜中永远不会出现一颗螺丝钉，但是我希望客户在向别人讲述这件事之后问对方，'你猜他们接下来是怎么做的？'"

当然，对于买家的要求和不满的补偿我们要量力而行。如果仅仅为了一位客户的满意就打乱了整个微店的经营步调，也不是我们所希望看到的，况且客户的一些要求可能是我们现在无法力所能及的事情。所以，遇到无法满足的客户需求时，用自己力所能及的方式向客户提出一些替代方案，如果客户同意就施行，如果客户不同意那么就只能口头致歉。

如果有买家的手机号码，则可以在对方方便的情况下向对方致电来协商相关事宜，更能显示出我们的诚意。

买家任何无关紧要的小意见我们都可以看作是一种批评，从细节处开始改善，我们就能不断提高买家的满意程度。

第八章　旗开得胜——完成微店的第一笔交易

经过了前面的学习，我们已经清楚如何将微店经营得有模有样了。但光有理论知识还不够，只有经过实践才能真正地掌握知识、运用知识。通过这最后一章的学习，希望每一位微店店主都能顺利完成自己的第一笔交易，正式开始微店的经营之旅。

如何卖掉你的商品

无论微店规划得多么好，营销内容做得多么完善，最终能将商品卖出去才是我们的目标，才是微店经营中最实际的事。在开门迎客的过程中，也有许多我们需要学习的事情来促成交易，否则，可能有很多潜在买家在你的微店"门口"转悠，却迟迟没有来一桩真正的买卖。

1. 如何寻找潜在买家

完成交易的第一步自然是先找到买家，商品有了买主才有交易。

想要找到潜在买家，做好客户定位是最首要的事情，只有先定位好自己微店中商品的消费群体，才能确定一个正确的方向，而不是像无头苍蝇一样四处碰壁。其次，要学会寻找潜在客户应有的思想和态度。

（1）要摆正心态，多向同行虚心学习

不要相信什么"想成功先发疯，勇往直前使劲冲"的豪言壮语，这么做的结果可能只是无谓地浪费时间。向成功人士学习经验，要比自身横冲直撞有效率得多。我们可以多向同行请教或偷师，看一看他们是通过哪些途径寻找客户的，然后考察一下自己是否有相似或相同的条件，如果具备条件的话可以直接复制对方的方法。

（2）先学做人，再学做事

要相信自己能成功，要相信自己不比别人差。不要借口说别人有资源、有经验、有名气之类的话，这些都不是理由，别人获得成功也是对方自己一点点积累起来的。只有踏踏实实地去做了，我们才能获得同样优越的条件。

（3）要勤于学习和思考

别人告诉你的也未必全是金科玉律，有些东西适合我们，有些东西未必适合。我们不要看到别人的成功法则时就屁颠屁颠地直接拿来用，要多想一想这东西对自己是否真的有效。不要总是想着找到一种万能的方法能帮助我们随时找到潜在买家，总是会不断冒出新的问题等待我们去解决的，你解决问题的能力越强，途径越多，就说明你离成功越近。最后，我们要经常反省。为什么没能找到潜在客户，为什么别人成功了而我却失败了，我有哪些不足，需要做出哪些改进。只有不断地完善自己，潜在客户才会愿意前来。

2. 给买家发推荐信息

当找到有意向的潜在买家后，店主就可以主动向买家发送一些推荐信息，来促进买家尽快下单。发送推荐信息时，也有很多讲究（如图 8－1 所示），如果不动一番脑筋，可能不仅起不到催单的作用，还会引起对方的不快。

（1）一定要从客户的角度出发

在发送推荐信息之前，我们应当仔细发掘对方的喜好和需求，然后根据对方的需求点来介绍商品。对方希望解决什么问题，我们就详细地告知对方我们的商品能如何帮助他们解决问题。而不是一股脑地将所有的商品优点都罗列给对方，这种推荐信息不可能获得对方的好感和认同。

图 8－1　给买家发推荐信息的注意事项

（2）满足客户的虚荣心

每一个客户都会有一定的虚荣心，听到别人的称赞都会心花怒放。比如，在推荐衣服时，我们就要向对方描述这件衣服为什么适合对方，怎样搭配能获得对方想要表现的效果。而不是去说这件衣服如何热销，别人穿起来如何如何好看，这些推荐语在买家看来是乏味的。

（3）及时回复，对答如流

如果买家对我们的推荐信息做出了反应，向我们咨询一些问题，我们要在第一时间进行回复，而且对于买家的疑问要做出详细清晰的解释。这样，对方才会感觉你是专业的，才会对你的商品放心。

（4）先交朋友后做生意

如果买家对推荐信息兴趣不大，不要死缠烂打地持续进行推荐，或者是不断地换成其他商品来做推荐，这很容易让人感到厌烦。可能买家现在确实没有相关的需求，没有购买意愿。不过我们可以和对方勤联系，多多沟通和交流，先从做朋友开始，生意也许会慢慢好做起来。如果只是抱着"不撞南墙不回头"的气势盲目地发送推荐信息，可能最后连朋友也做不成。

3. 如何设置自动回复

买家有可能24小时随时向微店经营者询问问题，或者是在微店中下单，但是微店经营者不可能24小时一直盯着手机屏幕。很多时候，买家想和我们交流时，我们恰好在忙别的事情，如果买家提出问题后卖家这边一点回应都没有，难免会让买家感觉受到了冷落。这个时候，就需要微店经营者设置自动回复来解答客户的简单疑问或者是让客户耐心地等待一下。

可能有卖家会有疑问，微信并没有像QQ一样的自动回复功能啊？其实，微信也可以设置自动回复，只不过要通过公众号来实现。

首先登录微信公众平台，在"高级功能"选项中找到编辑模式并进入，即可进入自动回复的设置页面。如果没有开启自动回复功能，则需要我们先手动选择开启，然后再点击下方的"设置"。在设置页面中，可以看到三种自动回复功能：被添加自动回复、消息自动回复和关键词自动回复。

被添加自动回复是对方第一次加你的公众号时做出的信息回复。我们可以在右侧的信息编写栏设置自动回复的信息，可以是文字、图片、语音、视频的组合，一般为了用户阅读信息的方便，其中只设置文字和图片。设置完成后点击"保存"就完成了。

消息自动回复是对方无论发送任何信息，公众号都会做出的信息回复。设置方式和第一种一样，也是编写内容后点击"保存"。一般，我们不推荐设置消息自动回复，这会让用户感觉很烦。

关键词自动回复是对方发送带有关键词的信息时公众号进行的信息回复。与前两种方式相比，关键词自动回复多了一个设置关键词的步骤。这种方式是值得推荐的自动回复方式。比如，一般与我们联系的买家都会先发一句"你好"或"在吗"作为招呼，我们就可以将这两个词作为关键词，这样，当买家跟我们联系时，就能第一时间做出答复了。

自动回复的内容可以是对微店一些基本信息的介绍，让买家先自行了解一些基本内容。也可以是请买家少安毋躁，耐心等待的安抚，在自己有空闲时再来跟买家沟通。总之，设置自动回复的目的就是让买家感到没有受到冷落。

4. 快捷短语，迅速回复客户

当你的微店经营久了，接待的客户多了，你就会发现，许多客户问的一些问题都是相同的，与客户沟通时，遵循的语言套路也都是相似的。所以，微店经营者就可以针对这种情况来提前编写好各种快捷短语，这样，当微店的客户访问量很高时，我们就能够迅速地回复客户。设置快捷短语，既减轻了工作量，也能提升本店的服务水平。

对于快捷短语的编写和设置，可以向许多淘宝卖家取经学习，因为微店客服的语言风格和操作流程同传统网店是很相似的。

当客户第一次和我们联系时，欢迎词就可以这样编写："您好，欢迎光临小店，很高兴为您服务，请问有什么需要吗？"当处于节假日期间时，还可以加上节日的问候，例如"国庆快乐""新年好"等。如果微店正在举办促销活动，也可以在欢迎语后面加上"小店正在举办优惠活动，无论新老客户，进店消费即可享受折扣，买到就是赚到"。

对于买家经常会提出的一些问题，我们也可以提前设置好一些回答模板。比如，买家可能经常会问卖家发哪家快递，你就可以回答"我们店默认发的是××快递，如果您那里收不到或是您有想要使用的快递可以告诉我，我可以给您发相应的快递。"

还有，买家也会经常问商品质量如何，是不是正品，你就可以这样作答："亲，我们的商品是从厂家直接进的货，而且销量一直很好。保证质量，保证绝对正品，假一罚十。"

在经营微店的过程中多总结一些问题，多准备一些回答，然后在客户提出相关问题时就能快速进行答复了。

如果客户较多，回应的时间比较慢时，我们可以先这样道歉："亲，不好意思，现在店内客人比较多，我在按次序一个个回复，回复速度慢了请您多担待。"或者也可以借口说"刚刚出去了一会儿"，"刚刚在接电话"等理由，请求买方的谅解。

如果买家想要的商品已经没货了，我们就这样回答："亲，不好意思，您选的商品已经没货了，没有及时更新库存给您添麻烦了，请问您是否愿意换成其他款式或型号？"

当商品成功售出后，我们不要忘记向客户表示感谢："谢谢您的光临！如果有什么问题，可以随时和我联系。期待您以后能多光顾小店！"

这类快捷回复短语的种类非常非常多，平时可以在网上多收集、多积累，选择适合自己的回复短语，再用自己的语言风格加以改编，渐渐地就能形成一套属于自己的完整说辞。

5. 妥善保存聊天记录

对于使用微信交流的普通用户来说，对聊天记录通常不会太过在意，不会去特意保存，也不会去特意清理，全部交由系统自动处理。但是对于微店经营者来说，微信不仅仅是一个交流工具，还是与买家之间协商交易的平台，买卖双方在微信中沟通的话语和信息，其实是双方协商一致的证据。如果在货物送达后，买家却提出和当初约定不一致的条件，微信的聊天记录就是关键的"证据"。淘宝网有阿里巴巴这个保存买卖双方聊天记录的好帮手，对于将微信作为主要沟通工具的微店店主，就需要手动去保存微信聊天记录了。

保存微信聊天记录，首先要登录自己使用的微信号，在主界面下方点击"我"的标签，在新界面中点击最下方的"设置"选项，进一步选择"通用"选项，即可进入通用功能界面，在众多功能选项中找到"聊天记录迁移"选项，点击后即可进入聊天记录迁移界面（如图8-2所示）。

在该界面中，我们能看到"上传"和"下载"两个选项，首先选择上

图8-2 保存聊天记录

传，进入选择聊天记录的页面，在这里你可以看到和你聊天的对象的对话框，选择一个要保存的聊天记录，在底部点击"完成"按钮，进入"设置密码"的页面。

在"设置密码"页面中，可以设置密码后再将刚刚保存的聊天记录上传，也可以选择直接上传，等上传过程完毕并出现已完成的提示就表示聊天记录已经成功上传至云端，聊天记录在云端会暂时保存7天，在7天内我们可以随时进行迁移。

现在，返回"聊天记录迁移"页面，选择"下载"，在弹出的新页面中，我们可以看到刚刚上传完成的聊天记录。点击该聊天记录，可自动下载直至完成。

除了使用云端备份外，也可以通过电脑端来备份聊天记录。首先在电脑端下载并安装腾讯电脑管家，打开后点击右下角的"工具栏"按钮，在"应用工具"分类中选择"微信聊天备份"，之后，可以将手机通过数据线或 wifi（无线网）连接到电脑，然后即可开始备份。

一般地，聊天记录最低限度要保存到货款提现到我们绑定的银行卡中为止。如果想要进一步消除售后的烦恼，也可以保存一周，等确定买家不会提出异议或要求时再将微信聊天记录予以删除。

生意来了

当有意向客户下单后，我们要如何操作才能顺利地完成这笔交易呢？这就牵涉到卖家处理订单的环节。处理订单的工作进行得流畅，不仅是卖家经营能力的体现，也是微店服务能力和服务质量的重要构成要素。

1. 宝贝被拍中，如何与买家沟通

有些买家在拍中商品，或者在下单之前，可能会先和卖家联系，确认一些基本事项。比如，买家可能会先通过微信和微店店主打声招呼，发一句"你好"或是"请问在吗？"对于这第一声招呼的回复是很有讲究的。有些卖家可能就直接回一句"你好"或"在呢"就应付了事。这种应对方法不仅不能给买家留下好印象，也会错失一次展示自己的机会。

但是只要换一种沟通方式，效果就大不相同了。比如，在买家打过招呼后，我们可以这样回复："亲，很高兴为你服务。我们家店正在做活动，全场 8 折，拍货即可享受优惠，仅此一天，机不可失。"这样的回应，既显得热情，也可以为自己的微店、活动等做一个简单的介绍，可以少回答许多问题。我们可以事先将这些欢迎语编写好储存起来，有新客户打招呼时就复制、粘贴，当面对的客户数量较多时，这种做法就很有优势。

在交谈中也可以不时穿插一些生动的表情或是语言文字，多使用网络上的常用词、常用语，能够让买家感到更加亲切。

当然，沟通中最基本的原则还是要有礼貌，要尊重买家。与买家沟通时语言可以轻松，但不能轻浮，顾客就是上帝，作为卖家，还是应该抱持一定的敬畏之心。

2. 如何查看买家付款

买家是否已经付款，微店卖家可以通过订单状态来查询。

如果买家已经下单，微店卖家就可以在微店中及时查询到相关信息。首先登录微店，在首页中找到"订单管理"模块，进入后即可看到当前的所有订单情况。这里有四个菜单栏，"待处理""未付款""已完成""已关闭"。待处理订单就是买家已经付款等待卖家发货的订单，未付款订单就是买家拍了货但没有付款的订单，已完成订单即卖家已经发货的订单，已关闭订单就是一天没有付款的过期订单。

所以，很明显，未付款订单就是拍下货还未付款的订单，而待处理订单就是买家已经付款，需要卖家进行处理的订单。

3. 如何发货

买家已经付款的订单，微店会自动发短信到卖家的手机上，提醒卖家发货。在"我的订单"模块中选择"待处理"一栏，这一栏中显示的就是我们需要发货的订单了。处理订单的速度越快越好，因为发货速度的快慢是评价卖家服务质量的关键指标之一。

选择一条待处理订单，点击页面右上角的"处理"，然后选择"发货"。发货有两种方式，一种是快递，另一种是无须物流。如果要发快递的话，微店中已经提供一些快递公司供你选择，如果选项中没有你合作的快递公司，你也可以自行填上你联系的快递公司。接着，输入快递单号后，就可以点击右上角的"发货"了。

微店中很多做的都是同城生意，可能买家就是你附近的朋友，这时就不需要联系快递公司来发货了，你可以选择"无须物流"的发货方式后，同样点击右上角的"发货"来处理订单，然后自行出发把货送给朋友。

在学习了微店的发货操作后，卖家还应当学习一些发货环节的技巧和注意事项。

卖家在看到买家已经付款的订单后，应该第一时间给买家发一条短信或微信，告知买家自己已经看到订单了，感谢买家的光顾，并承诺会尽快发货。卖家第一时间同买家联系，不仅是给买家吃了一颗定心丸，而且也能展现出自己热情的待客之道。

选择一家好的快递公司是很重要的，好的快递公司不仅发货速度快，而且不会轻易损坏货物。我们可以询问有开网店经验的朋友，来确定当地的哪一家快递公司比较值得信赖。哪怕快递费贵一点也无所谓，不要轻易相信一些不知名的快递公司提供的优惠服务，关系都是一点点积累起来的，合作的多了自然也就有了优惠，这些打价格战的快递公司的服务质量并不值得信任。

卖家对货物的包装也是一个重要的工作，而且，有时这是一个花时间、费力气的活。包装不需要多美观，结实牢靠才是最重要的，尤其对于一些易损坏的商品。目前发快递时最常用的应该就是各类纸箱纸板，平时我们自己或邻居家有废旧的纸盒纸箱，都可以专门保存一些，等到发货时就不必费力去寻找或是购买了。

在包装里可以附加一些小礼物，这是提升客户服务感知的好方法。哪怕不用礼物，只是夹一张写上祝福语、感谢语的贺卡，也能取得不错的效果。

买家在微店中是无法直接查询物流信息的，如果买家等不及了，向卖家询问订单情况，卖家应当主动查询快递信息并及时告知买家。

当看到快递公司已经完成送货后，卖家应当主动询问买家是否已收到货，然后再次感谢客户的光顾，并请客户以后也能多多关照微店的生意。

做好发货工作，关键在两点：第一，速度要快；第二，在发货过程的各环节都要展现出对客户细致的关怀与完善的服务。

未付款订单

有一些顾客，拍下了商品，却迟迟没有付款，交易在距离成交仅一步之遥的时候戛然而止，肯定会使许多微店卖家感到郁闷。

在长期的经营过程中，我们或多或少都会遇到这种未付款订单，如何正确应对这些未付款订单，从而促成交易，让"煮熟的鸭子"不再无故飞走，是微店经营者必须学习的技巧。

1. 未付款订单查看

微店的未付款订单，可以在"订单管理"模块中的"未付款"一栏中集中查询。微店卖家也可以在订单管理上方的搜索栏中直接输入买家的姓名或微信号来查找订单，如果订单信息较多，想要专门找出某一条订单，这种查询方法更快捷。

微店的未付款订单不能取消，但是超过一定时间后就会自动关闭，作无效订单处理。微店卖家应当随时关注订单状态，这些未付款订单的买家往往是一些很有意向的买家，如果不及时处理导致生意白白溜走是一件非常可惜的事情。

2. 主动和买家沟通未付款原因

面对未付款订单，微店经营者不能一味地去等，可能等着等着，未付款订单就变成了无效订单。花上一点时间和工夫，主动去和未付款的买家联系，了解未付款的原因，然后想方设法促成交易，要远比被动等待好得多。

其实，买家有强烈的购买意愿时，一般都会在第一时间付款，没有付款就一定是有相应的理由。一般来说，买家拍货后未及时付款，不外乎以下三种原因。

（1）对商品抱有疑虑

有时买家在下单时，就对商品的质量、价格等拿不准，在纠结中下了单，然后又转念一想，还是多看几家或者是问一问朋友的观点吧，于是订单就在买家货比三家的过程中被耽搁了。

（2）冲动下单

买家在下单时根本没有仔细地思考，完全是冲动型下单。我们都有过类似的感受，当在网店中购物时，一旦看到特别喜欢的商品，即便我们已经购买过了相同或类似的商品，可能还是会不自觉地点开看一下甚至是直接下单。有些买家就是在冲动下单后要付款时才转念一想自己好像已经有过类似的商品了，于是最终理性战胜冲动，将订单搁置不管了。

（3）忘记付款

买家没有付款，很有可能只是单纯地忘记了，一些买家在购买并非急用的商品时很有可能出现这种状况。比如，下了订单在付款时，才发现账户余额不足，或者是由于网络问题支付失败，于是买家想着等之后存了钱或是回到家再付款，结果经过一天的奔波就完全把付款的事抛诸脑后。遇到这种情况，可能卖家一句简单的提醒就能让他们尽快付款。

所以，遇到未付款订单时，卖家不要怕麻烦，主动地和买家联系沟通，可能就能帮你多完成一次交易。

3. 促成购买或提升微店品质

查明买家的未付款原因后，接下来要如何通过沟通促使买家尽快付款呢？如果过于直接催促买家付款，显然很不礼貌也很不聪明，运气好了，买家不介意可能会直接付款，运气不好，买家可能会直接取消订单。所以，在提醒或催促买家付款时，我们要找好由头，将催促的感觉降至最

微店达人必备教程

低，让其看起来只是一种善意的提醒。对于一些还在犹豫不决的买家，就要利用各种诱因来让其尽快下定购买决心。

买家只要愿意下单，就一定是对该商品有一定的需求或喜好，可能只是某些小问题让他们纠结，我们要从这一点出发，找到买家担忧的问题，给予解决方案，并加以引导，一定能够很快地促成交易。将一个有意向的客户转化为成交客户，要比开发一个新客户简单得多，所以，不要让这些意向客户轻易地"溜走"。

下面是 5 种催单时常用的技巧（如图 8 - 3 所示）。

图 8 - 3　催单时常用的技巧

（1）利用优惠、小礼品等来促成交易

贪小便宜，进行商品比价，是消费者普遍具有的心态，毕竟，每个人都希望能用尽可能低的价格买到好的商品。有些买家，可能感觉你微店中的商品更可靠，但是他又看到其他微店的同款商品价格更便宜，所以便犹豫不决，不知买哪边的更好。这时，我们通过向买家提供一些优惠，或是赠送一些小礼品，很可能就能借此将对方"拉拢"过来。

对于优惠手段的设置，最好不要轻易地直接降价，不妨赠送一些优惠券或代金券，刺激买家之后能继续在我们的微店中消费。选择礼品时，可以选择一些微店中正在销售的低价小礼品或者是一些商品的试用品，能够无形中对微店进行一些宣传。

通过向买家施与这些"小恩小惠"，不仅能尽快促成交易，而且也很容易与买家建立更亲密的关系，促使对方成为我们的老客户、忠实客户，长远下来，对微店卖家还是很有利的。

（2）利用库存不足，提醒买家尽快交易

利用库存不足来提醒交易，要注意语气不能太过强硬，但同时又要让买家感受到即将断货的"紧迫感"。如果买家只是单纯的忘记付款，经过提醒后可能就会尽快付款。如果买家还在犹豫是否要购买，库存不足也会让他产生该商品非常热卖的印象，从而做出正向的购买决策。

如果你的商品是市面上难以购买的稀罕货，或者是一些即将停产或已经停产的绝版货，那么库存不足就会更容易促使买家付款，因为一旦错过这次机会，可能就再也无法买到这件商品了。

（3）利用促销活动结束时间，催促买家完成交易

利用促销活动结束时间的处理方式，和利用库存不足的处理方式类似，都是要让买家产生一种"紧迫感"。消费者在网上购物时，都会精打细算，尽可能节约每一元钱，这已经成为许多网络购物者的一种习惯和原则。

所以，告知买家促销活动即将结束，之后商品将按原价出售，这样就会在买家心中形成一种暗示，我必须在什么时间段内付款，如果过了这个时间段我就要多付多少钱，或者是不包邮，我会无故损失多少钱。有了这

样的心理暗示，买家就更容易倾向于尽快付款。

（4）利用快递的发货时间，催促买家尽快付款

一般快递每天的发货时间都是固定的，一旦过了时间点，就要等到第二天才能发货。所以，如果买家还在犹豫，我们就可以将快递的发货情况告知买家，提醒对方如果没有及时付款，就要再晚一天才能拿到货。如果买家需要尽快地拿到货，那么我们的目的就算达成了。而且，从语言上来讲，也只是为买家着想，不会引起对方的抵触心理。

（5）准确把握买家的购买意愿，必要时采取"冷战"

如果与买家联系后，买家一直在讨价还价，或是无底线地乱砍价，甚至出价比成本价更低，这个时候就要多加注意了。一方面可能买家的购买意愿并不是很强烈，另一方面可能买家对商品根本没有一个清晰的了解。如果想要这样的买家付款交易，最后可能是卖家血本无归甚至是倒贴钱。

所以，遇到这种情况时，卖家必须坚持自己的原则，多强调产品的质量，告诉买家一分钱一分货。开店做买卖是为了赚取利润，不能为了成交而成交，一定要考虑到自己的成本和利润率，不要轻易地让步退缩。有时适当采用"冷战"策略，让买家知难而退，反而有可能促成交易。

当然，促成买家做出购买决策的根本还是要提升微店的品质，提升微店的商品和服务，让微店的商品同竞争对手相比有绝对的优势和竞争力，这样，就不怕买家在下单后会犹豫不决了。

收款与退款

商品卖出去了，能及时顺利地收到货款自然是卖家最关心的事情。而买家收到货后，有可能遇到商品有质量问题，或者是对商品很不满意，这时买家就可能会想要退货。货款问题是买卖双方都很关心的问题，所以在进行收款与退款的相关操作时一定要慎之又慎。

1. 如何查询货款

交易完成后，我们要如何查询每一笔货款呢？首先登录微店，在首页找到"我的收入"模块，点击"进入"后我们就能看到与微店绑定的银行卡的账户余额，以及通过经营微店而产生的总收入。查询下方的收入明细，还可以查看每一笔交易的成交记录，做到对每一笔账目都心中有数。

2. 如何查看货款到账时间

微店货款的到账时间和开设的微店类型有直接关系。对于普通的微店，一般微店官方会在买家付款的 1~2 天内将货款提现到微店卖家绑定的银行卡中。对于开通了担保交易的微店，则需要买家点击"确认收货"后，货款才会在次日提现到卖家的银行卡中。而加入了"七天无理由退货保障"的微店，则要在买家"确认收货"后再等待 7 天，期间买家没有提出任何申诉后，货款才会提现到银行卡。

如果店主想要及时掌握货款到账情况，还可以开通银行卡的短信服务，这样，当有新的账目流入到银行卡中就可以第一时间得知了。

3. 如何退款

对于已经开通担保交易的微店，买家可以通过系统直接申请退款。而对于没有开通担保交易的微店，则需要买家自行与微店店主联络，协商退款事宜。无论买家通过哪种方式与店主协商退款事宜，店主都应该耐心真诚地应对。

当买家提出退款申请时，店主应该主动与买家联系，先询问买家退货的缘由，然后再做出应对。只要是因为自身的原因而使买家想要退货，首先应当先向买家表示歉意，然后根据问题的轻重缓急提出解决方案。

如果不是大问题，不牵涉大的经济利益，可以提出一些补偿方案，询问对方是否接受，只要诚心对待，一般买家也不会提出什么无理要求。如果商品本身有严重的质量问题，可以先让买家发一些图片，确认确实存在质量问题后我们就不要再讨价还价，而是应该尽快地处理买家的退货请求。

在答应买家进行退款后，要先将自己的地址信息发给买家，然后请买家联系快递将商品寄回来，由本店来承担运费。如果商品只是一些低价的消耗品，则无须让买家寄回来，一来省去了买家的麻烦，二来这些商品寄回来对我们也没有任何用处。如果买家同意换货，就可以直接寄一件新品给他，还能省去许多麻烦。

在进行退款操作时，我们要向买家反复确认对方的银行账号，确认无误后最好用复制粘贴的方式向对方的银行账号打款，避免出现操作失误。同时要妥善地保管聊天记录，直至买家确认已经收到相应的款项毫无问题后再予以删除。

微店口碑

口碑自古以来都对商家的经营有着至关重要的影响，为什么知名品牌的销量好？就是因为知名品牌的口碑传播广。

随着自媒体时代的到来，个人的信息传播能力得到了前所未有的提升，口碑的力量也越来越强大，越来越受到各个商家的重视。自媒体时代给商业口碑的树立带来了机遇，也提出了挑战，好的口碑与坏的口碑都有可能在一夜之间传遍大江南北，口碑已经成为我们无法再忽视的商业元素。

树立了良好的微店，我们就相当于拥有了一个强有力的宣传工具，而且还不需要我们支付任何费用。对于以关系做基础的微店，利用口碑进行自主宣传应该成为每一个微店经营者努力的方向。

1. 买家评价是关键

买家评价是对微店的商品或是微店本身最直接的评论，是口碑来源的起点和传播的主要阵地，所以想要树立良好的微店口碑，买家的好评是重中之重。

我们在淘宝网购物时，除了查看淘宝店主的信誉，在不同的淘宝店中作对比外，决定是否购买时最常做的事情是什么？可能很多买家都会下意识地去看其他买家的评价。买家评价是好是坏，可能直接决定了我们是否购买该商品。

微店并没有像淘宝一样的评价机制，不要求每一位买家在购物后都给出相应的评价。但是，买家却有可能直接将商品评论发到微信朋友圈中，这对微店的影响往往更加直接，更加深刻。

2. 以人情推动口碑传播

可能许多买家在购物后并不喜欢在朋友圈发评论或分享信息，或者是感觉太过麻烦。遇到这类买家，我们可以利用微信好友的关系，请对方简单地写一些商品评论或心得。

要注意的是，在请对方进行口碑传播时，不是单纯地让对方帮自己说好话，或对商品大夸特夸——让对方写出自己的真实感受才是最重要的，一些过度修饰的词语看起来会非常"假"，反而不容易使人产生触动。而且，现在的消费者越来越理性，他们都明白没有十全十美的商品，因此，一些全面的、客观的评价才会让他们觉得真实，觉得可信。

如果对方不愿意写评论和分享，那么也不必一味强求，可能对方对你还没有足够深刻和良好的印象。不要因为对方的一次拒绝就冷落对方，就对对方抱有消极的看法，不断地加深双方的关系和友谊，总会有一天他会自愿地为你进行口碑传播的。

3. 以品质提升微店口碑

以人情来推动口碑传播只是一种辅助的促进手段，想要真正取得良好的口碑传播效果，不断提升微店的品质，刺激买家自发地进行口碑传播才是最根本的方法。

微店的品质包含两个方面，一个是商品品质，另一个是服务品质。

商品品质是让买家满意的根本，买家在你的微店中购买商品，最主要的原因就是希望该商品能满足他的需求，商品品质是客户的核心需求。如果商品有质量问题，买家的需求得不到很好的满足，那么就谈不上会有良好的口碑了。

服务品质是为客户提供的附加价值，但这种附加价值却不能小视。因为商品品质对于客户来讲可以说是理所当然的，每一个正规的商家都应当保证自己的商品品质，所以客户很难从良好的商品品质中获得惊喜的体验。但服务就不同，不同商家的服务品质可以说是千差万别的，如果你能为客户提供超乎想象的服务，那么很有可能直接催生出客户的正面口碑传播。

只要能不断地提升微店品质，树立良好的口碑是水到渠成的事情。每个买家都希望能买到好的商品，在这个信息传播越来越方便的时代，每个买家都乐于将好的商品信息分享给好友。做好正确的事，然后静待结果发生，这也许是一种更好的经营哲学。

微店交易安全

无论做什么事情，安全都是至关重要的。微店中的交易安全，牵涉买卖双方的利益，不仅买家需要在交易中注意安全，卖家也同样需要注意安全。

微店中的安全交易，需要从两方面来保障，一是技术上的保障，二是心态上的保障。技术保障是客观因素，我们难以干涉，但可以加以利用。而心态保障则属于主观因素，买卖双方在交易中都应当坚持公开、平等、协商一致的原则。卖家要诚实经商，为买家提供值得信赖的产品和服务。买家也要文明消费，商品出现问题要及时和卖家沟通，而不是以拒不付款来"要挟"卖家。

1. 如何开通担保交易

阻碍消费者在微店上购物的最大心理障碍莫过于对交易安全的担忧，担心付款后卖家不发货，担心商品有质量问题而卖家不予以退换货，这些都是正常的心态。当十年前淘宝刚出现时，人们担忧的也正是这些问题，毕竟那时互联网在我国刚刚开始普及，和传统的购物方式相比，网络购物显得太过捉摸不定。后来，第三方担保交易模式的出现一定程度上打消了消费者的疑虑，再加上淘宝上的商家越来越正规，越来越专业，交易安全问题很少会碰到，人们才逐渐认可并习惯了网络购物。

尽管网络购物已经成为了人们的一种习惯，但是微店这种全新的电商模式仍然招致了许多消费者的不信任。首先微信并不是以电商为出发点和目的而搭建的平台，它的本质仍是一种沟通工具，而各种微店 App 也仅仅是第三方开发的辅助软件，在技术水平和安全性上自然也无法和淘宝、京东等大型电商相比。所以，保障交易安全，打消消费者的购物疑虑，成为了微店发展的当务之急。

在这种状况下，微信官方的微信小店通过开通微信支付必须经过严密的企业认证方式来确保卖家的资质和信誉。而对于更广大的使用微店 App 的小型微店店主，微店 App 则推出了担保交易功能来消除消费者的购物顾虑。

想要开通微店的担保交易，首先登录微店 App，进入"我的微店"，点击店铺下方的"编辑"按钮进入"编辑店铺"界面，在店铺设置菜单中即可找到"担保交易"的选项（如图 8－4 所示）。点击担保交易，会弹出一则关于担保交易的说明以及"微店担保交易服务约定"，阅读完毕后如果确定要开通担保交易则点击最下方的"开通担保交易"即可完成。

在开通担保交易后，买家在浏览你的商品时，即可看到"担保交易"的字样。然后在拍货付款环节，也有两种付款方式可供选择，一种是"直接到账"的付款方式，买家付款后，货款会在交易次日自动提现至卖家已

图8-4　如何开通微店的担保交易

绑定的银行卡账户上。另一种则是"担保交易"的付款方式，买家付款后，货款暂时由微店平台代为保管，需要买家在收到货后点击"确认收货"，货款才会在次日提现至卖家绑定的银行卡账户上。如果买家在7个自然日内没有确认收货，也没有提出任何申请或投诉，微店则会在7个自然日截至时帮卖家自动确认收货。

担保交易对卖家来说自然有一些麻烦，如果买家没有及时确认收货，或者是忘记了确认收货，都会使卖家的货款无法及时到账，而且担保交易一旦开通，就需要联系微店的官方客服才能予以取消，十分烦琐。但是，担保交易为买家提供了7天的申诉时间，确实大大降低了他们的购物风险。

如果你的微店面对的大多数买家关系不很亲密，或者是许多买家主动提出要求开通担保交易，那么这里还是推荐去开通担保交易。而如果微店的客户熟人居多，相互之间有较高的信任度，则不必着急去开通担保交易，等到需要时再开通也不迟。

在开通担保交易的基础上，我们还可以进一步加入"七天无理由退货保障"，该功能是建立在担保交易基础上的，只有开通了担保交易，才能加入七天无理由退货保障。

加入七天无理由退货保障的方法和开通担保交易类似，也是要先进入"编辑店铺"界面，在菜单最下方即可看到"七天无理由退货保障"选项，点击"进入"后，同样会弹出一则说明以及"七天无理由退货细则"，阅读并同意后，点击上方的"加入七天无理由退货保障"即可。

加入七天无理由退货保障后，只能使用担保交易的支付方式，而无法再使用直接到账或是货到付款的支付方式。在担保交易成功后，卖家的货款仍将继续被冻结 7 天，超过七天无理由退货期限后才能提现。在 7 天期限内，买家可以主动发起退款，如果卖家在 7 天内不予以处理，退款将自动确认成功。

七天无理由退货保障确实大大加强了买家的购物安全，但也为微店卖家带来了更大的经营难度和压力，不仅要妥善处理客户异议，同时也使资金回收期延长了一周之久。所以，建议微店卖家在对自己的商品品质有十足的信心，或是对处理客户异议有一定的心得时才再去加入七天无理由退货保障，否则不要轻率地去尝试，会为微店经营造成阻碍。

2. 如何进行账户防盗

身为微店经营者，维护微店的安全自然十分重要。微店是虚拟店铺，虽然被盗后不会造成直接的商品或财务损失，但却会给经营带来许多麻烦。如果账户被盗后被拿来冒用、乱用，也会损害微店经营者的名誉，造成客户流失。

微店防盗，主要包含两大方面，一个是微店账户防盗，另一个是微信账户防盗。

微店账号是进入微店的"通行证"，如果微店账户被盗，可能会被他人浏览或是篡改微店及商品的信息。微信账号是微店营销的主要平台，里面包含了绝大多数客户的资料及联系方式，一旦丢失，想要重新找回这些客户并不是一件轻松的事情。

微信和微店的安全等级和淘宝、当当、京东等传统电商有很大的差距，但只要我们操作得当，平时多加注意，是不会轻易出现账户被盗的情况的。

微店和微信的账户防盗，可以从以下几个方面来进行（如图 8 – 5 所示）。

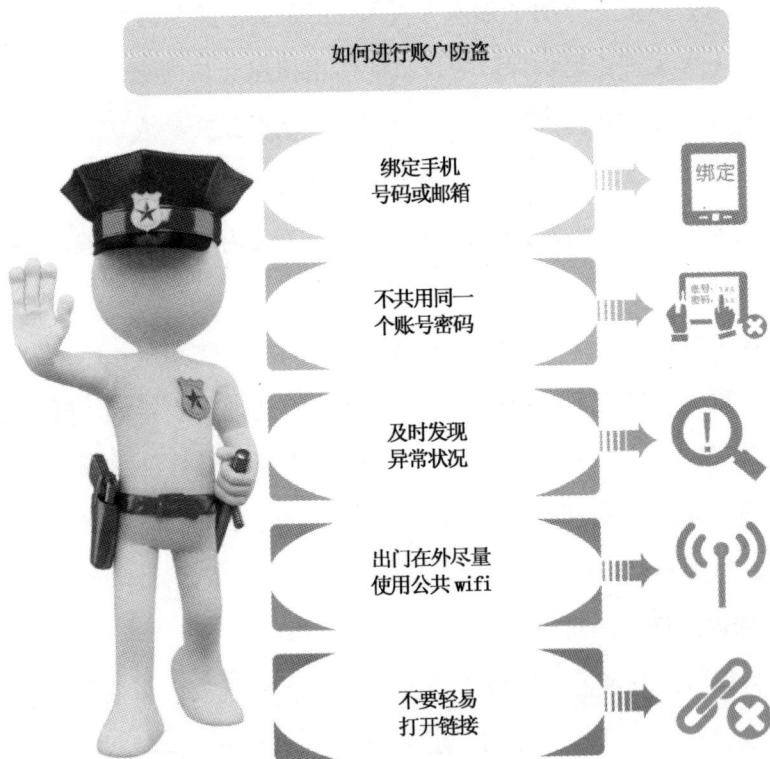

图 8 – 5 如何进行账户防盗

（1）绑定手机号码或邮箱

微信可以自主选择绑定手机号码或邮箱，绑定了手机号码或邮箱的微信账号，当密码被篡改时我们可以通过相关的认证来重新设定密码，从而取回账号。

微店则是通过手机号注册，并且通过了身份证号认证，如果账户被盗，可以及时联络微店客服进行身份认证，重新找回账号。

（2）不共用同一个账号密码

现在有许多网站或软件会要求用户注册后使用，或者是直接通过登录 QQ、微信或邮箱来获取账户，许多网站都开通了类似的快捷登录渠道。有许多用户为图方便，可能会直接使用 QQ 邮箱，登录微信也是直接使用 QQ 号登录，而且为方便记忆全部设定统一的密码。

不过这种做法随之而来的问题也有很多，一旦 QQ、QQ 邮箱、微信中有一个信息发生了泄露，就会发生账户连环被盗的"惨案"。所以，对于 QQ、QQ 邮箱、微信最好是设置不同的密码，而且安全等级要足够高。或者在网站或软件中注册账户时，可以临时申请一个"空头账户"，专门用作注册时使用。

（3）及时发现异常状况

当微信出现被发布或被转发的广告信息，密码被修改、无法登录，账户中莫名其妙地关注了许多陌生用户，相册照片数量减少，账号存在异地登录等操作，则很有可能是账号已被盗。一旦发现这些异常情况我们就应该迅速采取相应手段或联系客服，尽快地找回账户。动作越快，我们就越容易找回账号，所受的损失也越小。

（4）出门在外尽量使用公共 WiFi

由于手机流量有限，所以很多人在外出办事、就餐、逛街时总喜欢找寻有没有能够使用的 WiFi。但在选择 WiFi 的时候，我们一定要提高警惕，认真地做选择，尽量选择餐厅、商城、相关机构的公共 WiFi。比如，我们去银行办业务，就使用银行的 WiFi，到餐厅就餐，就使用餐厅的 WiFi。不要随便连接私人 WiFi，对于不需要密码的 WiFi 更是要多加留意。

（5）不要轻易打开链接

对于陌生人、陌生号码发来的网址链接，不要轻易地打开，特别是一些在网页中要求输入账号和密码的更是要万分警惕。即便是通信公司、银行发来的相关信息也是一样，因为现在的改号软件很多，只要要求输入密码，十有八九是骗局。

只要我们在日常的操作中注意保护自己的账号和密码，不必过于担忧账号被盗的事件。不过，还有一件事会对我们造成很大的麻烦，那就是手机直接丢失或被盗。

手机丢失后，尽管可以通过挂失来找回绑定相关账号的手机号码，但是一些我们保存的重要聊天记录或是客户的手机号码就会一去无回。所以，出门在外时一定要时刻注意财物安全，在人流量较多的公共场合尽可能不去进行相关的微店经营操作。

3. 如何在交易中防骗

新闻中经常会报道一些某某女士在网购时被骗了多少钱，或者是银行账号密码被盗等信息。在交易中增强自己的安全防范意识，是每一个买家都应当予以重视的。

首先，在微店选择上，买家应尽量选择自己较为熟悉的好友开设的微店，关系是信誉的保证。如果是陌生人开设的微店，尽量选择开通了担保交易的微店，这样就不怕对方收到货款后不发货，我们有 7 天充裕的时间来进行相应的投诉处理。

其次，当对方借口付款环节出现问题，发给你一个网页或二维码要求你填写账号密码时，一定要提高警惕，不要轻信这些消息，宁可不买，也不能泄露自己的银行卡信息。

最后，不要贪图小便宜，看到一些完全不可能的低价商品或者是超乎想象的折扣时，不要被利益蒙蔽双眼，没有天上掉馅饼的好事，卖家是在做生意而不是在做慈善。不合理的低价商品自然也有低价的理由，要不产品质量有严重问题，要不卖家根本没打算发货。

俗话说，害人之心不可有，防人之心不可无。在微店交易中，不仅买家需要注意防骗，卖家同样也需要注意防骗。尽管在交易过程中，卖家看似一直处于主动的位置，但是这并不代表他们就始终位于安全的避风港。在交易中，最常见的卖家被骗的事件就是被骗取商品退款。

比如，买家拍下了一款1000元的商品后，未付款就直接关闭了交易，并在交易关闭原因的备注栏中写上："尊敬的卖家您好，您的买家已经成功申请退款，现订单由我们系统自动关闭，买家退款信息已提交到您的支付宝交易记录，请您及时给予买家退款。"然后再联系卖家退款，如果卖家不了解订单状况，在未收到款项的情况下就退款给买家，就会直接造成经济损失。

这个骗局虽然简单，但卖家在经营过程中也可能会出现疏忽。比如新手店主，可能并不十分了解不同的订单状态所表示的含义，就轻信了买家发来的消息。或者是订单较多，没有耐心一一核对，本着对客户的信任就轻易地退款。

所以，卖家想要在交易中防骗，就要做到无论任何时候，都要谨慎核对订单状态。发现买家的退款信息后，不要怕麻烦，联系相应的买家进行仔细核实。

微店案例，向成功者学经营

第九章　微店 App——面向大众的创业方式

对于广大缺乏资金、缺乏资质的普通创业者，微店 App 是一种没有门槛、操作便捷的微店创业方式。通过微店 App 这一操作和展示平台，无数人将心中的创意构想转化为现实，开启了不一样的创业之路。

90 后大学生开微店，20 天净赚万元

90 后的大二学生周周开设自己的微店，颇有些机缘巧合。当时，由于报名参加了学校的电子商务比赛，周周注册了一个口袋购物的微店，通过一段时间的学习研究，周周认为微店是一个不错的创业机会，便专心经营各类化妆品。仅用了 20 天时间，周周便赚了上万元，口袋购物日曝光量超过 6596 人，客单价更是高达 826 元！

1. 产品和客户定位

周周拿到的化妆品货源，并不是什么国际大品牌，且价格也不算很低。本来，该品牌化妆品主要通过美容院推销给白领，但效果并不好。周周认为，该品牌在定位上首先就有问题，白领对化妆品的品牌认知度较强，向她们推销一个陌生品牌并不容易。该品牌化妆品的最大特点就是性价比高但知名度低，因此有一个很好的消费群体——学生，特别是在校大学生。

周周认为，学生对新事物接受能力较强，无论是知名度不高的化妆品，还是微店这种销售形式，首先从学生做起都是比较容易的。而且学生

消费能力有限，对产品的性价比就更为追捧。一旦该品牌化妆品的效果受到了学生群体的认可，很容易形成口碑效应，进而提升该品牌产品的知名度。

2. 图片设计，做最好的展示

明确了定位之后，周周便开始着手进行微店商品的布置，其中最重要的工作就是设计商品图片。图片是微店商品展示的主体，一张吸引人的商品图片能够显著提高浏览量和成交量。

周周认为，微店的商品图片，不仅要美观，还应该结合卖点加以展示，让客户看到图片便能感受到商品的卖点是什么，而不需要——查看商品介绍。在介绍具体的设计方法时，周周举了这样一个例子。比如某款富含兰花成分的化妆品，主要功能是保湿，周周在拍摄商品图片后，会将商品主体抠出，然后将背景替换为兰花和水珠的元素，这就直观地突出了商品的特点。

也许客户第一次还无法清楚地得知商品的特点，但只要看过几次商品介绍后，他们就会得知，所有类似背景的商品功效都是相同的。这种图片设计法不仅提高了微店的整体观感，也为客户搜索和选择商品提供了便利。

当面临一些较为复杂的图片处理时，周周还会寻找对 PS 掌握得较为熟练的同学，请他们帮助进行图片修饰。

3. 用赠品吸引第一批客人

卖出第一批货总是很困难的，特别是在一个大家还比较陌生的平台上销售陌生品牌的商品。周周为了获取第一批客人，采用了一种最"简单"的方法——免费试用。先打消客户对商品的疑虑，让他们感受到商品的优点，然后再寻求成交。

当然，周周也并不是毫无目的地随便乱送，在试用客户的选择上，她也有一套评判机制。首先，她主要选择大学生赠送商品，原因正如她事前进行的市场定位一样，大学生乐于尝试，而且具备一定的消费能力。其次，她优先挑选校内较为熟悉的人赠送，校内的客户更容易锁定，而且容易获取直接、具体的反馈。特别是对于一些平时爱打扮、消费能力较强的学生，更是优先赠送，因为她们更容易转化为真实客户。

周周除了借助免费试用外，还通过口袋购物的红包功能提高店铺的曝光量，借此也有效地获取了一批客户。

4. 简单两招，提高销售额

周周只经营了很短的一段时间，客单价便达到 826 元，这对于主要客户是学生的微店来说是个了不起的成果。而周周提高销售额也没用什么高深的技巧，就是两招——团购和组合销售。

周周正式经营微店时，恰巧赶到年关临近，有许多企业会开始采购员工礼品，周周便抓住此机会，以较为便宜的价格对企业客户进行批量销售，快速提高了销售量和客单价。

而对校园内客户，周周主要采取组合销售的方式，将几种配合使用效果较好的产品进行配套，然后以 9 折出售，不仅吸引了一部分学生客户，也促进了整体销售。

5. 加强联系，培养回头客

提高销量的最好方式就是培养回头客，而回头客不是全部靠等来的，更多地需要经营者多加联系。周周在分享自己的经验时说，一般化妆品 3 个月左右用完，所以，当某一个客户购买产品 3 个月后，她会主动联系对方，询问对方的使用感受，并询问其是否要继续使用等。

在平时，周周也会经常同主要客户联系，但她从不刷屏，不会大量进行商品宣传，只是像交朋友一样聊聊天，说说打扮的喜好、技巧等。这种方式，不仅不易让对方产生反感，也有效增加了客户黏性，提高了客户重复购买的概率。

80后小伙微店卖果蔬，月入7万元

安昌的80后小伙叶健，2014年4月起开始在微店销售果蔬，客户只需在手机上下单，几个小时后便有人将新鲜的果蔬送上门。仅仅一个月，叶健就卖出了上千斤产品，营业总收入达到7万余元。

1. 内外分析，瞄准卖果蔬的机遇

叶健在萌生了开店创业的想法之后，一直在思考要卖什么商品才有市场。如今的电商体系已经较为成熟，在淘宝上几乎大江南北的商品都能搜寻到，无论卖什么都势必会面临激烈的竞争。

经过一段时间的搜索研究，叶健发现在淘宝上卖新鲜果蔬的商家并不是很多。因为销售果蔬，进行保鲜是一个大问题，很多中小商家无力进行商品进货、保存等一系列工作。而叶健恰好有一个独到的天然优势，他有一位亲戚经营着一家有机果蔬种植基地，就在当地，供货方便。叶健不需要大批量购进果蔬，只需有订单后即刻去果蔬基地取货即可。

一开始叶健想要开一家淘宝店，但是淘宝店的开设、宣传都较为复杂，而且由于一天中大部分时间都需要外出送货，无法始终坐在电脑前操作。后来，叶健发现了一款叫作"微店"的软件，注册简单，能用手机完成全部操作，而且可以很便捷地在朋友圈分享商品信息，满足了叶健的所有需求，因此叶健决定使用微店创业。

2. 经营一个月，获取第一批回头客

叶健的微店取名为"聚昌坊"，他首先到亲戚家的有机果蔬种植基地中，挑选了几款当季的果蔬，拍摄后经过简单修饰上传至微店中。由于没有中间的运输环节，叶健所销售的果蔬价格通常会比市场中便宜一些，因此很快受到了消费者的欢迎。不仅是普通的家庭客户，一些企业食堂也会向叶健发出一些大订单。

只要是在市内的客户，叶健基本上都会提供送货上门的服务。而且对于每一个订单，叶健都会细心挑选相应的果蔬，以确保商品质量。如果客户在接到商品后，发现有损坏的水果或蔬菜，可直接联系，叶健会提供无条件退换货服务。

由于价格便宜、产品质量高、服务到位，叶健经营的"聚昌坊"很快在当地赢得了好口碑，第一个月便接到了总计 60 个订单，而且已经产生了一批回头客。

3. 扩大货源，开启预订业务

在经营了一段时间后，叶健发现，仅靠亲戚家的果蔬基地，商品过于单一，难以满足客户更多的需求。于是，叶健开始针对客户普遍提出的几种产品，在当地寻找其他种植基地洽谈合作。叶健第一次洽谈的合作对象是一个无花果基地，该基地主要为一些高端的零食品牌供货，不愁销量，所以一开始并不愿和叶健这个"小客户"合作。但叶健并不死心，不断地找负责人洽谈，在他的软磨硬泡之下，对方总算答应了合作事宜。

而叶健的努力也没白费，从 6 月起他就在微店中开启了无花果的预售，虽然商品还没上架，但已经接到了好几张订单。

4. 公众平台推广，让客户买得放心

叶健在前几个月的经营中，主要是通过朋友圈的直接推广和口碑宣传。为了进一步提高微店的知名度，叶健专门开通了"聚昌坊"的微信公众号，并在其中开设了"产品质量"这一模块。对于每一批上市前的果蔬，叶健都会做好农残检测报告的原始记录，只要消费者点击进入，便可看到果蔬的质量标签。此外，叶健还将果蔬的播种、施肥、打药、采收等一系列过程都一一进行拍摄，上传到公众平台中进行分享。

通过这些举动，叶健为客户注入了一剂"强心剂"，使他们对果蔬质量充满信心，不必担心农药残留大、使用化肥催熟等一系列问题。

而通过微信公众平台的推广，叶健的微店不仅有望进一步提高销量和口碑，也将一步步向着正规化、规模化转变。

第十章　微信小店——更正规、更专业的微店经营

相比微店 App，微信小店是内置于微信公众号中的一种官方开店工具，在更加正规的同时，微信小店的门槛也更高，唯有企业用户才能注册申请。因此，微信小店更适合一些已经注册企业的创业者，作为拓宽销路的一种经营方式。

印美图，用微店达成的跨越式增长

印美图是首批在微信小店上正式经营的商家之一，借助微信小店，印美图进入了公司发展扩张的新阶段。而其"6 天 100 万"的销售奇迹，也让人们对微信小店的巨大潜力刮目相看。

1. 经营初期，印美图面临传统销售困局

印美图团队是广州一个以技术起家的研发团队，其研发的主要产品是一款被称为 LOMO（列宁格勒光学机联盟）自助印的照片即时打印终端。除了图片效果精美外，该产品最大的特点是，可以将语音以二维码的形式打印在照片上，保留图像与声音的双重记忆。

这样一款拥有多项专利的产品，在研发成功后的销量却不甚理想。第一大原因在于 LOMO 自助印高达 7800 元的定价，让普通消费者望而却步；第二大原因在于传统的销售渠道效果不佳，不论是分销商实体销售还是第一方电商自营，都没能达到预期的销量。

2. 尝试微信小店，成果出乎意料

后来，随着微信公众号的推出，印美图团队又推出了一种全新的打印模式。用户只需在印美图自助终端机前，通过手机微信扫描并关注印美图的微信公众账号，然后用手机向印美图公众号发送照片和语音，在消费者输入前段屏幕所显示的消费码后，自助终端机即可在 30 秒内接收照片，并制作一张精美的有声照片。

在 2013 年，随着微信小店的推出，印美图团队成为首批开通微信支付及微信小店的商家，希望借此来开拓一种全新的销售渠道以销售第二代产品。印美图的 CEO（首席执行官）黄昱钊在事后也坦言，鉴于产品过高的价位，一开始也没指望通过微信小店带来销量的大幅提升，没想到仅仅过了 6 天，销售额就突破了 100 万元。

事后通过分析，印美图团队认为，开设微信小店成功的关键就在于近一年来的微信公众号经营汇集了大批粉丝，而且官方公众号与粉丝间形成了活跃的、良性的互动。因此，新产品一经推出，便点燃了粉丝的消费热情。由于终端消费者的热捧，一些企业也开始关注印美图产品，如海底捞、万科、银泰百货、宝马、宝洁等公司都成了印美图的重要客户。

3. 打造粉丝生态圈，创新扩展

在取得前所未有的成功之后，CEO 黄昱钊表示，印美图的下一步任务，是更加成熟地连接智能终端产品和云端系统服务，为广大消费者提供更好的体验，打造娱乐消费新形态。

通过微信公众号获取有声照片打印服务，已经在印美图经营初期获取了一部分付费用户，这种业务形态的可行性也已经得到了验证。印美图的下一个经营目标，就是不断增强社区黏性，进一步扩张社区范围，将线上服务与线下体验更紧密地结合起来，与更多的品牌商家合作，打造一个基于粉丝的娱乐生态圈，开展终端产品与打印服务的双重销售。

猫乌兹，帮客户"淘宝"的微电商

猫乌兹是由网友猫小白发起创立的一家微电商，其主要的运营模式就是，由猫乌兹收集淘宝中比较好的商品，然后通过微信以稍高一些的价格在朋友圈中推广，从而赚取差价。就是这种看似毫无市场的模式，却让创业初期的猫小白月入数万元。

1. 微信晒单，意外开启创业路

网友猫小白所居住的地点，是一个尚在发展中的小镇。她本人原本只是一个资深的淘宝买家，淘宝购物是她的一大爱好。久而久之，她收集了数百家物美价廉的淘宝店铺，平时喜欢将自己淘到的宝贝晒到微信朋友圈。渐渐地，有一些感兴趣的朋友请她帮忙代购。再后来，猫小白感到这是个商机，便利用业余时间在朋友圈销售女装，没想到每月能收入三千多元。

2. 从淘宝到微店的移花接木

尝到甜头的猫小白放远目光，招募一批年轻人同自己一起创业，成立了猫乌兹微电商概念组，而他们的经营模式，就是从淘宝采购后再通过微信销售给朋友圈买家。猫乌兹概念组只是将他们看中的淘宝店商品图片发到朋友圈，有客户下单后再从淘宝店采购后发给买家，或是由淘宝店直接发给买家。

猫小白说，曾有许多人质疑过他们的商业模式，凭什么消费者要从他们那里买价格更高的商品，干吗不自己上淘宝购物？

而猫小白却表示，他们有这样的疑问，是因为他们不了解四五线城镇的消费现状。在他们那里，淘宝还算不上十分普及，对一些年纪较大的人来说，上QQ、玩微信很容易，但是淘宝购物就是一项"高难度"的任务。尤其像是服装、包包等产品，由于没有固定名称，很多人即便见过该商品，也未必能在淘宝上搜索到。还有一些人曾经尝试过淘宝购物，有时买低价产品发现质量太差，有时买高价产品又感觉不值，渐渐地也对淘宝失去了耐心和信心。而猫乌兹团队所做的，就是帮消费者寻找好商品，直接为他们做出推荐，节约他们的时间，免去他们的后顾之忧。

3. 正式成立公司，优化经营模式

随着创业团队的经营成果急速提升，猫乌兹正式注册为公司，开展更为系统化的经营。首先，猫乌兹深化与淘宝商家的合作，通过大批量采购获取更优惠的价格。而对淘宝商家来说，猫乌兹是一个新的宣传与销售接口，因此很乐意同他们合作。其次，猫乌兹扩张了几十个代理，在不同地区的朋友圈进行商品转发，促成交易并抽取提成。最后，猫乌兹还开设了线下体验店，既为一些对商品存疑的消费者提供一个体验窗口，也作为一种全新的宣传和销售渠道。

随着各类经营成本的上升，猫小白本人也开始考虑对商品品类、销售模式和管理方式等进行调整。尽管面临着各种发展问题，但猫小白本人对当前模式充满了信心，她坚信，微信电商仅仅是刚刚起步，必将迎来爆发期。

NO.001

《品牌蜕变：从区域名牌到全国品牌的九大策略》

作者：吴之

定价：32.00 元

NO.002

《做最赚钱的餐饮：餐饮利润倍增魔法》

作者：廖靖雄

定价：32.00 元

NO.003

《高效执行你学得会：让高效执行简单化的 7 个策略》

作者：张友源

定价：32.00 元

NO.004

《领导力决定一切》

作者：蔡鲲鹏

定价：35.00 元

NO.005

《总裁密码：三维法则与九段总裁智慧操盘实战策略》

作者：吴群学

定价：39.80 元

NO.006

《8 步打造金牌销售团队》

作者：匡晔

定价：35.00 元

NO.007

《经营员工》

作者：禹志

定价：29.80 元

NO.008

《魔鬼生意经：做生意必修的 8 堂财富课》

作者：高乃龙

定价：32.00 元

中国100强名师名作

中国财富出版社 CHINA FORTUNE PRESS

联大文化

联合出品

NO.009

《感动营销》

作者：张谦

定价：32.00 元

NO.010

《结果当道：
打造实战结果
团队的十堂课》

作者：陈卫州

定价：32.00 元

NO.011

《快速连锁加盟
密码》

作者：陈星全

定价：35.00 元

NO.014

《尊"柜"服务：
打造优秀社区银行》

作者：刘星

定价：35.00 元

NO.015

《穷思想 难为
富人》

作者：蔡怀东

定价：32.00 元

NO.016

《礼学兴商利
万年》

作者：孙剑虹

定价：38.00 元

NO.017

《易经与领导
智慧》

作者：倪可

定价：32.00 元

NO.018

《九型人格与选人
用人：企业因才施
用的秘密》

作者：石淼

定价：42.00 元

中国财富出版社 CHINA FORTUNE PRESS

联大文化

联合出品

NO.020

《NLP 教练技术：提升领导艺术，促进团队和谐》

作者：田建华

定价：35.00 元

NO.023

《职场情商 9 堂课》

作者：姚先桥

定价：32.00 元

NO.024

《时间管理改变命运：从加薪不加班到有钱有闲》

作者：卢绪文

定价：32.00 元

NO.029

《企业正能量》

作者：邓艳

定价：29.80 元

NO.031

《领军式营销》

作者：周圣凯

定价：32.00 元

NO.040

《职商：职业化养成与塑造》

作者：曹爱宏

定价：38.00 元

NO.041

《从一流到卓越：道德成就事业，素质决定未来》

作者：苏自立

定价：35.00 元

NO.042

《团队，就该这样带》

作者：管策

定价：38.00 元

中国财富出版社 CHINA FORTUNE PRESS

联大文化

联合出品

NO.043

《效率革命：让组织
效率倍增的6个关键》
作者：尚明准
定价：38.00 元

NO.045

《颠覆：新商业时代
的大势之道》
作者：刘振友
定价：38.00 元

NO.048

《玩转微店：微店
达人必备教程》
作者：田启成
定价：38.00 元

NO.051

《你能为银行带来什
么：决胜微利时代的银
行业绩倍增系统》
作者：孙军正
定价：36.00 元

NO.053

《精准营销：基于
互联网思维的营销
新模式》
作者：陈永芳
定价：38.00 元